DES-HABITAT

um projeto concebido por / *a project conceived by*	PAULO TAVARES
prefácio por / *preface by*	MARION VON OSTEN
realizado por / *realized by*	AUTONOMA
conceito e texto / *concept and text*	PAULO TAVARES
pesquisa e desenho gráfico / *research and graphic design*	ANA TRANCHESI ISABELLA BENEDUCI PAULO TAVARES
editor de texto / *copyeditor*	MATTHEW RINALDI GINNY ROSE DAVIES
tradução / *translation*	FLÁVIA COUTO
tratamento de imagem / *image postproduction*	WOLFGANG HÜCKEL

arquivos consultados / *archives accessed*: Arquivo Nacional, Rio de Janeiro/Brasília; Arquivo Público do Distrito Federal, Brasília; Arquivo do Serviço de Proteção aos Índios (SPI), Museu do Índio/FUNAI, Rio de Janeiro; Arquivo do MASP – Museu de Arte de São Paulo; Revista *O Cruzeiro*; Revista *A Noite Illustrada*; revista *Habitat*.

Des-habitat foi originalmente produzida para *Bauhaus Imaginista*, 2018-2019 / Des-Habitat *was originally produced for the exhibition* Bauhaus Imaginista, 2018-2019

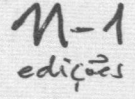

n-1 edições

Dados Internacionais de Catalogação na Publicação (CIP) de acordo com ISBD

T231d Tavares, Paulo
Des-Habitat / Paulo Tavares; traduzido por Flávia Couto –
São Paulo, SP: N-1 edições, 2021
97 p.; 33cm x 23,5 cm.
Inclui bibliografia e índice.
ISBN: 978-65-86941-39-5
1. Arquitetura. 2. Arquitetura moderna. 3. Modernismo.
4. Colonialismo. 5. De-colonialidade. I. Couto, Flávia. II. Título.

2021- 679　　　　　　　　　　　CDD 720　CDU 72

Elaborado por Vagner Rodolfo da Silva – CRB-8/9410

Índice para catálogo sistemático:
1. Arquitetura 720
2. Arquitetura 72

agradecimentos *thanks to* Anna-Sophie Springer, Juliana Gomes, Eduardo Costa, João Sodré, Luiza Proença, Marion von Osten, Grant Watson, Julia Thompson e Laymert Garcia dos Santos.

www.autonoma.xyz
© 2021 by Paulo Tavares / autonoma
Todos os direitos reservados. *All rights reserved.*

Brasília / São Paulo / Berlin

O COMPLEXO HABITAT
Marion von Osten

O engajamento com artefatos e práticas pré-modernas foi uma característica do trabalho de professores e alunos na Bauhaus, que continuou a informar sua abordagem após o fechamento da escola. Ao questionar a divisão entre arte erudita e popular através de práticas culturais não-ocidentais, os bauhausianos contestaram o classicismo das academias de arte europeias, mas não levaram em conta a apropriação violenta e ilegítima de bens culturais, bem como as rupturas sociais, econômicas e políticas que o colonialismo europeu deixou em seu rastro. A exposição *bauhaus imaginista: aprendendo com...*, mostrada em São Paulo, em 2018, e em Berlim e Berna, em 2019, discutiu questões sobre apropriação cultural de uma perspectiva contemporânea, incluindo o trabalho da arquiteta e editora Lina Bo Bardi no Brasil, cuja prática pedagógica relacionava-se em parte aos princípios da Bauhaus. Sua incorporação de culturas populares, indígenas, e afro-brasileiras ao léxico do modernismo brasileiro agiu de várias formas como um contra-modelo ao modernismo europeu, mas ocorreu simultaneamente, como Paulo Tavares aborda em *Des-Habitat*, com os impactos contínuos da violência colonial.

A contextualização da revista *Habitat* de Bo Bardi abre várias trajetórias que eu gostaria de introduzir brevemente neste prefácio. Deixe-me começar com o termo "habitat", que aparece pela primeira vez em *Systema Naturae*, de Carl von Linné (1735), livro que estabeleceu as bases para o esquema moderno de nomenclatura binomial como um princípio estruturante da taxonomia do mundo vivo. É, portanto, surpreendente que habitat tenha se tornado também proeminente nas discussões do Congresso Internacional de Arquitetura Moderna (CIAM) no período pós-guerra. Em 1947, em Bergamo na Itália, Le Corbusier começou a discutir habitat como um conceito alternativo ao anterior da cidade funcionalista em seu discurso introdutório no CIAM 7. Os próximos dois congressos do CIAM foram inteiramente dedicados ao habitat humano (Aix-en-Provence, em 1953, e Dubrovnik, em 1956) para repensar o significado da moradia. Aqui, o habitat foi pensado como um elemento de todo o espaço vivido, marcado pela interconexão das esferas pública e privada.[1]

O discurso do habitat dos anos 1950 começou a abordar a ideia de habitação como um processo adaptativo e evolucionário, adequado especialmente ao clima e à tecnologia local, começando com a provisão de infraestrutura básica e evoluindo para soluções habitacionais mais avançadas. Em relação ao projeto de Paulo Tavares, é interessante notar que os estudos sobre o habitat produzidos no marco dos Congressos do CIAM apresentaram análises de assentamentos de cabanas obtidas através de vários dados das cidades coloniais francesas Casablanca e Argel. Esses, por sua vez, encontraram tradução em projetos habitacionais modernistas no marco dos planos de expansão da cidade colonial. Com isso, os assentamentos modernos estavam se tornando implementações de conceitos relacionados à produção de conhecimento colonial uma vez que o termo "habitat" era baseado em descobertas empíricas para responder a condições hifenadas como "pré-modernas".

Esses debates proeminentes formam o contexto histórico da revista *Habitat* de Bo Bardi. A revista também aponta para suas atividades como editora antes de chegar ao Brasil. Na Itália, Bo Bardi começou a trabalhar como designer para a *Domus* em Milão, no início dos anos 1940, em que se tornou parte do círculo de Gio Ponti, o arquiteto, designer e editor da revista. *Domus*, palavra italiana para casa, parece ser o modelo de Bo Bardi não apenas para a revista *Habitat*, que aborda todo o espaço vital por meio de seu título. Ambas as revistas *Domus* e *Habitat* promoviam um novo estilo de vida para as elites urbanas que sintetizava o design modernista com um estilo local ou nacional.

Raramente discutido nesse contexto é que Gio Ponti, assim como o futuro marido de Lina, o jornalista e negociante de arte Pietro Maria Bardi, faziam parte do movimento fascista na Itália. Pietro Maria Bardi, que publicou a revista de arquitetura e design *Quadrante* antes de se mudar para o Brasil, era filiado ao Partido Nacional Fascista desde 1926. Antes de viajar para o Brasil com Lina, ele visitou a Argentina para agitar as comunidades fascistas italianas na América do Sul. Em 1946, após a derrota de Mussolini, o casal se estabeleceu no Brasil.

O eclético estilo modernista de elementos locais, pré-modernos, e folclóricos do Brasil, a síntese do vernáculo e do pré-moderno no vocabulário modernista pela qual a revista *Habitat* tornou-se famosa, pede uma nova revisão além da teoria estética ou da história do design. Hoje precisamos repensar as condições políticas em que os debates sobre design estavam surgindo e como as atividades editoriais eram ferramentas para mediar e ocultar o projeto político por trás deles. É isso que o projeto *Des-Habitat* de Paulo Tavares revela em primeiro plano de maneira excepcional.

---

1. Eric Mumford, *The CIAM Discourse on Urbanism, 1928–1960* (Cambridge, MA: The MIT Press, 2000).

CARAJÁS

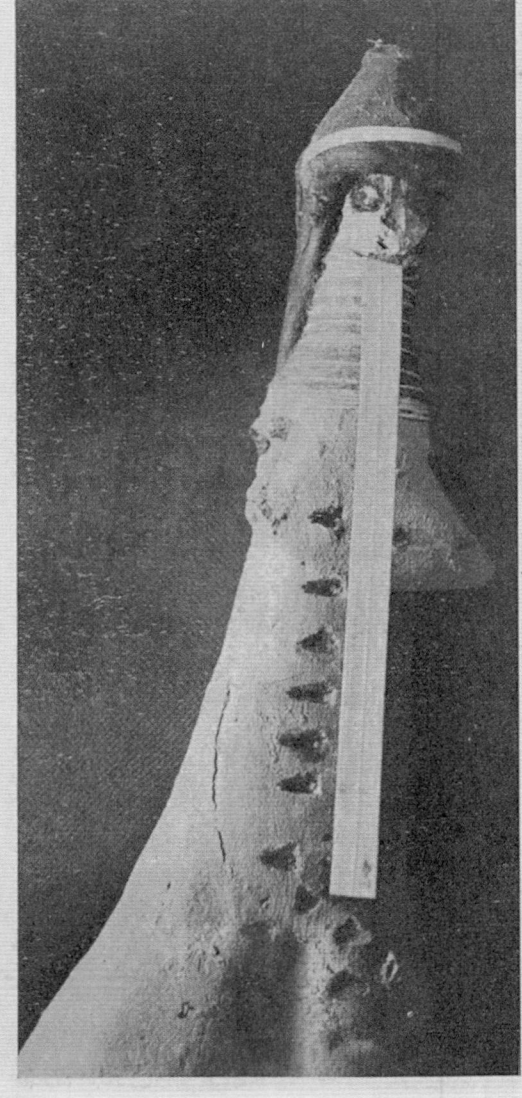

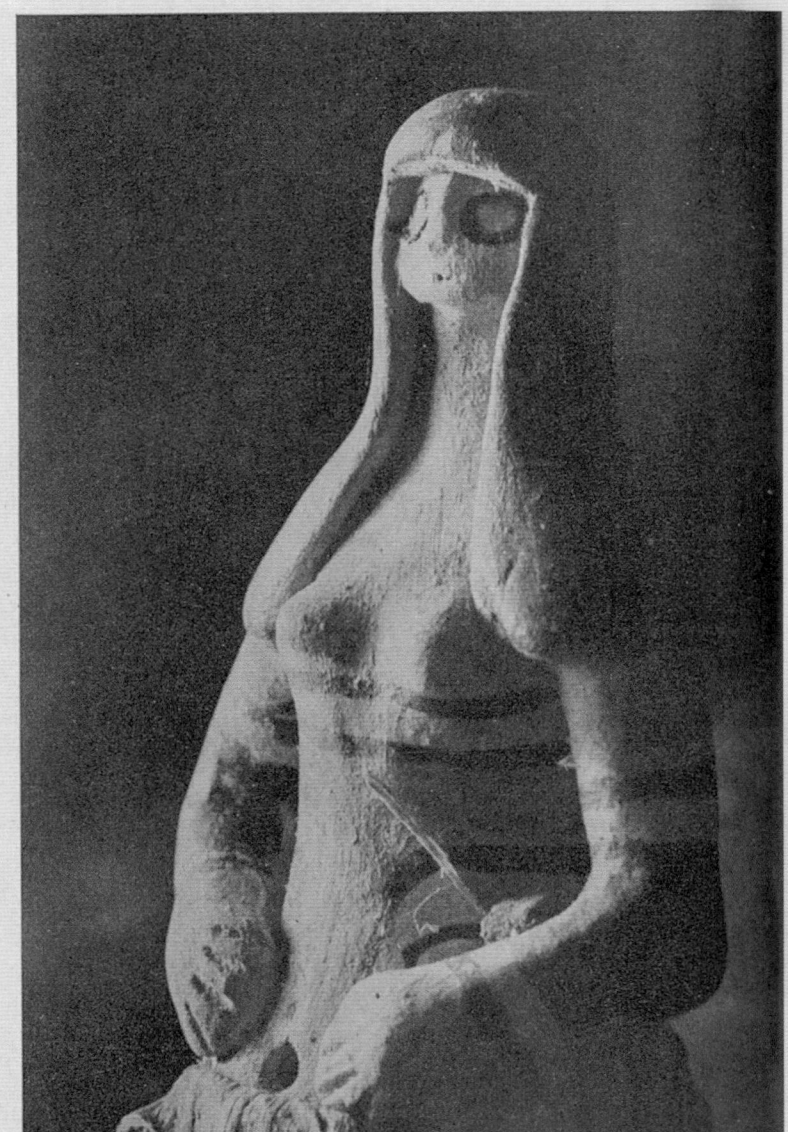

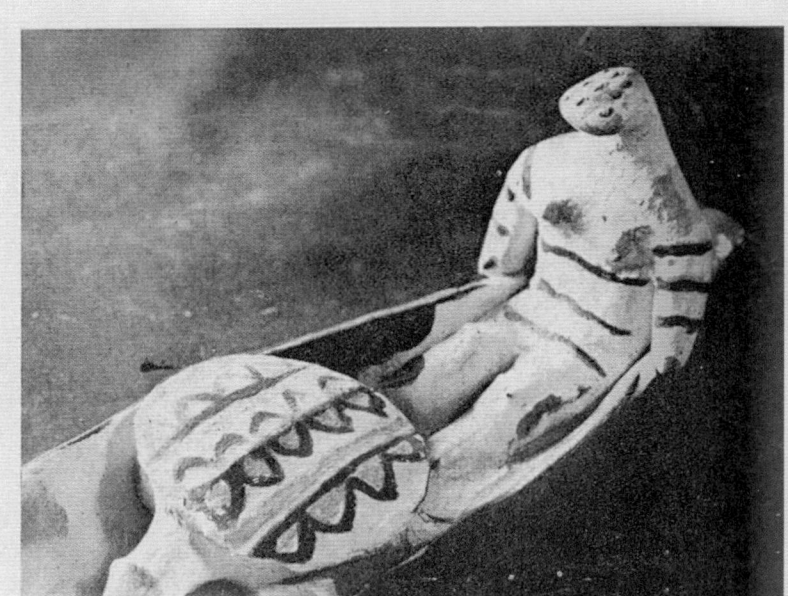

CARAJÁS

Ao leitor desprevenido prevenimos que esse tipo de arte, absolutamente primitiva, apresenta analogia com as últimas tendências de uma arte que se inspira nas manifestações primárias, ou abertamente. A fonte maior de inspiração de grande parte da arte contemporânea, depois da influência exercida pela arte negra, provém da arte azteca, maia, inca e, agora, da descoberta da arte marajoara. Enquanto os nossos esforçados pintorzinhos locais atiram suas linhas nas águas de um abstracionismo já velho de trinta anos, os grandes pintores de Paris vêm pescar em nossos rios. E, certamente, eles não o fazem em primeira mão, mas através de reproduções e desenhos frequentemente arbitrários, da nossa arte primitiva de nossa arte indígena.

realmente a arte mais brasileira, històricamente, e que continua se manifestando livre de influências extrínsecas.

CARAJÁS

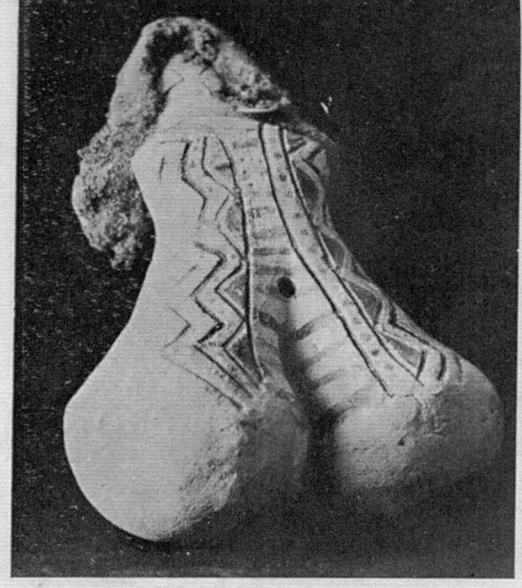

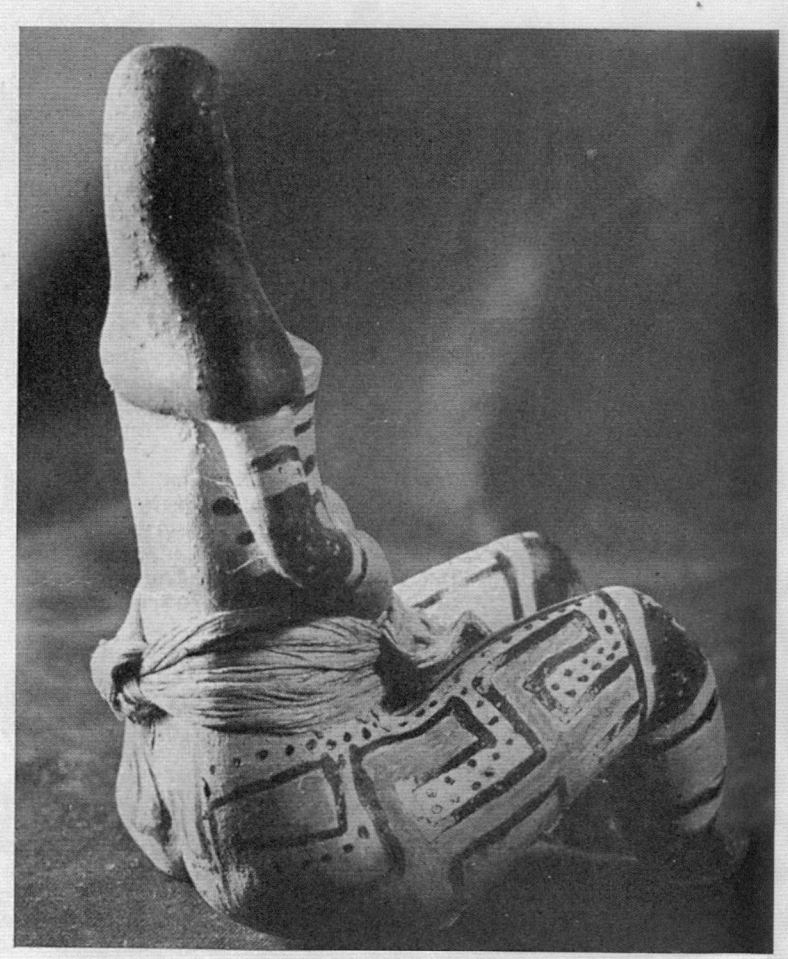

Quando o Museu de Arte de São Paulo realizou uma exposição, em colaboração com o Serviço dos Índios, grande parte do público ficou maravilhado com os trabalhos apresentados, tão ricos de fantasia inédita e invenção invulgar, tanto que não faltaram as inevitáveis piadas, atribuindo à Picasso certas cerâmicas indígenas expostas

CARAJÁS

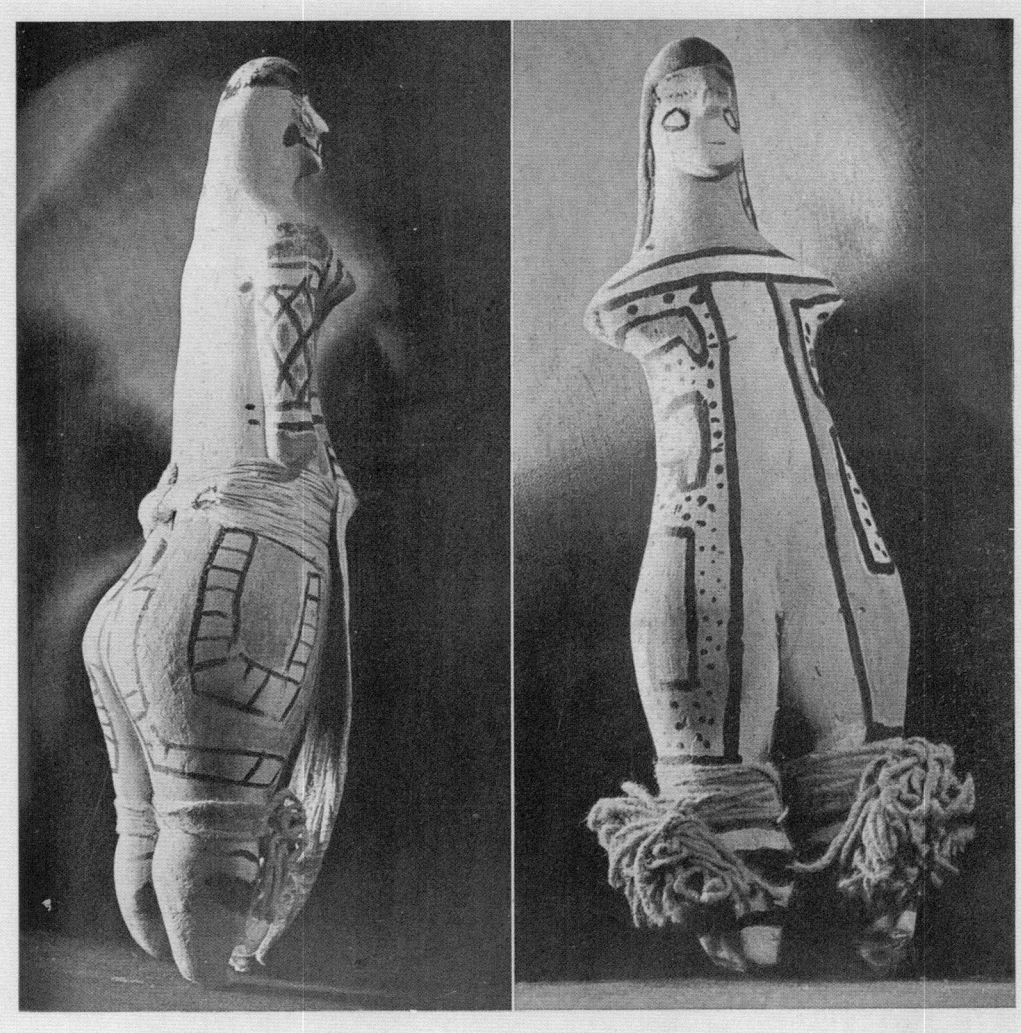

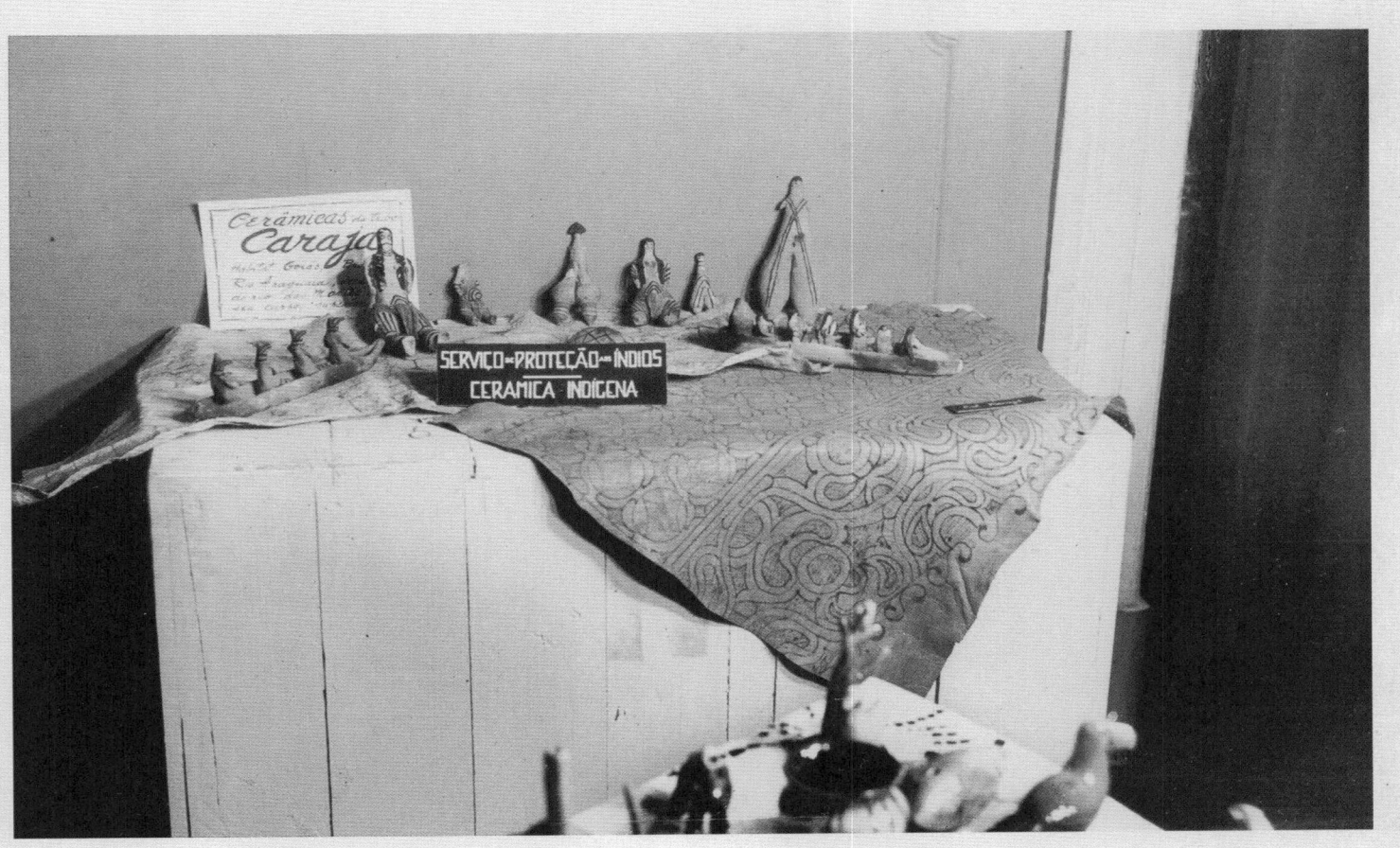

CARAJÁS

É surpreendente a descoberta nas margens do Araguaia, no fundo do sertão, de um grupo de ceramistas altamente diferenciados e em constante evolução — alguns Picassos de tanga, modelando silenciosamente sua obra anônima.

As figuras violentamente coloridas transmitem algo do mistério da selva

CARAJÁS

bandeira, numa estilização realmente original e muito próxima daquele "infantilismo primitivista" que alguns artistas de hoje tanto amam

um Matisse

Des-Habitat

Criada nos anos 1950 pela arquiteta ítalo-brasileira Lina Bo Bardi, a revista de arte e arquitetura *Habitat – revista das artes no Brasil* foi um dos mais importantes meios através do qual o modernismo foi debatido e divulgado no Brasil após a Segunda Guerra Mundial. *Habitat* era parte de um projeto mais amplo gestado no Museu de Arte de São Paulo (MASP) sob a direção do curador Pietro Maria Bardi, colaborador e companheiro de Bo Bardi e fundador do museu, inaugurado em 1947. Em seus anos heroicos, o MASP protagonizou um programa pedagógico único, instituindo uma série de iniciativas com o objetivo de formar um público em torno da arte, da arquitetura, e do design modernos. Além de mostrar o trabalho de modernistas europeus consagrados, como o arquiteto Le Corbusier e o designer Max Bill, essas iniciativas, com as quais Lina Bo Bardi estava envolvida de várias maneiras, incluíam a realização das chamadas "exposições didáticas" sobre história da arte; a criação do Instituto de Arte Contemporânea, uma escola de design inspirada na Bauhaus; e a revista *Habitat*, publicada até 1965.

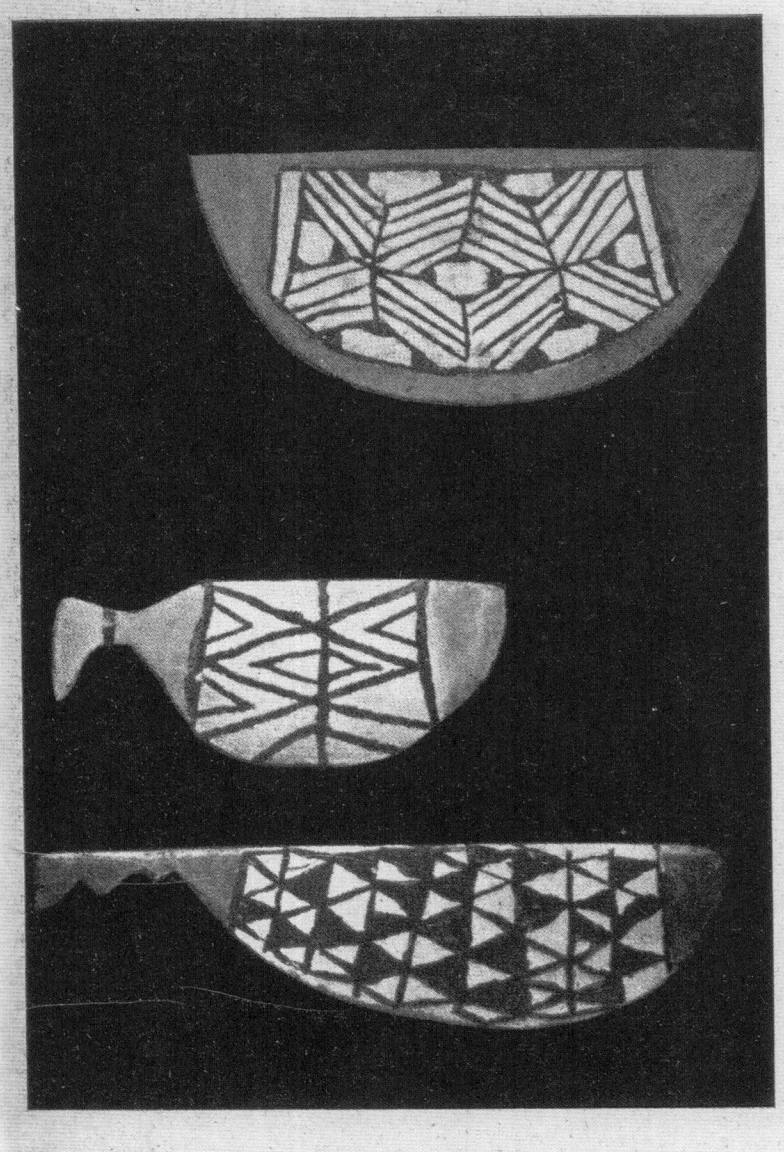

Assim como outras revistas de arte e arquitetura que surgiram naquela época no Brasil, como a revista *Módulo* criada pelo arquiteto Oscar Niemeyer em 1955, *Habitat* propagava não apenas imagens da arte e do design modernos, mas também imagens de arte popular e indígena, apresentando ao seu público, as elites urbanas de São Paulo, do Rio de Janeiro, e de Salvador, o vocabulário modernista e ao mesmo tempo formas vernaculares e nativas de expressão cultural. Nesse aspecto *Habitat* foi particularmente notável. Começando pelo seu primeiro número, que trazia um artigo visual sobre "o índio desenhista" e o "o índio modista", a revista publicou várias matérias sobre arte e artesanato indígena ao longo de seus quinze anos de existência. Imagens de cerâmicas, ornamentos, pinturas e tecidos ameríndios eram colocadas lado a lado com uma constelação de imagens de arte, arquitetura e design contemporâneos, desempenhando uma função crucial na definição da sensibilidade moderna que *Habitat* procurava "ensinar" ao seu público em formação. Também é notável como *Habitat*, especialmente em seus primeiros anos sob a direção de Lina Bo Bardi, empregava um tom militante e professoral para explicar o papel estético dessas imagens em suas páginas. "Ao leitor desprevenido, prevenimos que este tipo de arte, absolutamente primitiva, apresenta analogia com as últimas tendências de uma arte que se inspira nas manifestações primárias", lê-se no texto introdutório ao trabalho cerâmico do povo Karajá publicado em *Habitat* 7, 1952. "A fonte maior de inspiração de grande parte da arte contemporânea, depois da influência exercida pela arte negra, provém da arte asteca, maia, inca e, agora, da descoberta da arte marajoara. Enquanto os nossos esforçados pintorezinhos locais atiram suas linhas nas águas de um abstracionismo já velho de trinta anos, os grandes pintores de Paris vêm pescar em nossos rios. E certamente eles não o fazem em primeira mão, mas através de reproduções e desenhos com frequência arbitrários da nossa arte primitiva, que, portanto, lá chega contaminada."[1]

A articulação entre o indígena e o moderno era didaticamente comunicada nas legendas e textos que acompanhavam as imagens, explicando ao leitor como desenhos indígenas eram comparáveis ao trabalho de um "refinadíssimo pintor contemporneo",

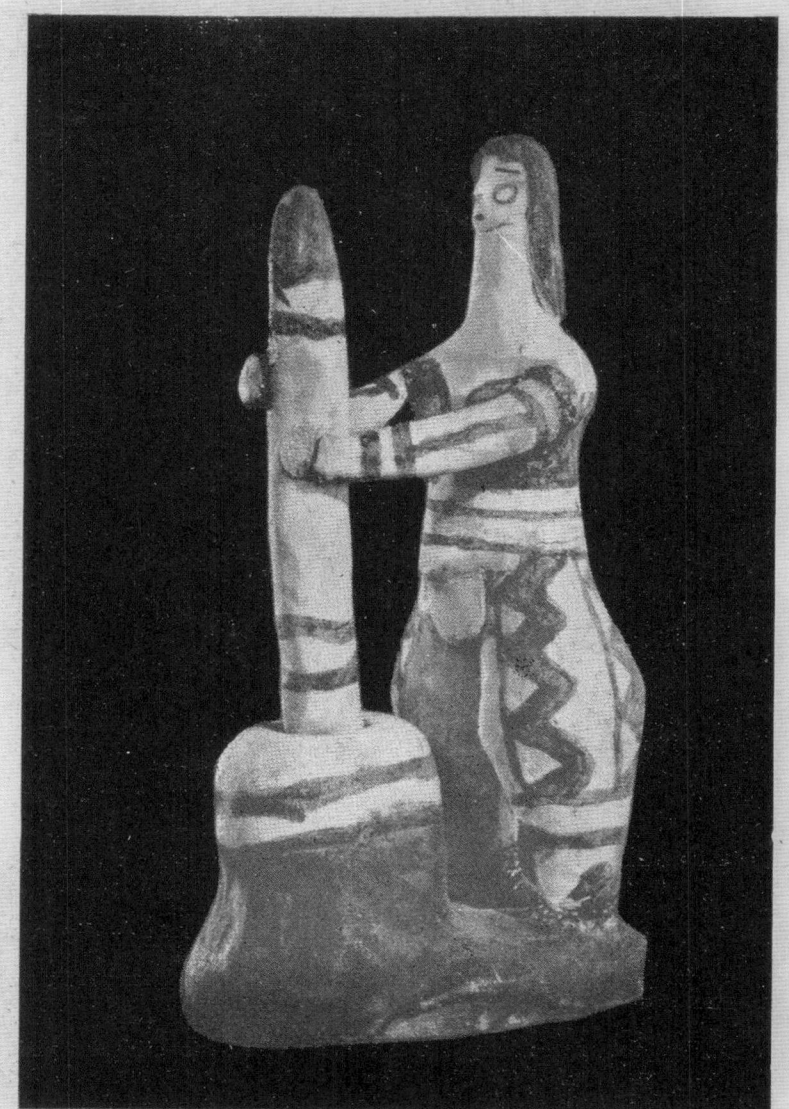

EXPOSIÇÕES

O índio na Bienal

seus ornamentos com os cortes de um "modista europeu", suas cerâmicas esteticamente equivalentes a esculturas vanguardistas: "É surpreendente a descoberta nas margens do Araguaia, no fundo do sertão, de um grupo de ceramistas altamente diferenciados e em constante evolução – alguns Picassos de tanga, modelando silenciosamente sua obra anônima".[2] Além disso, o design gráfico construtivista de *Habitat* frequentemente exibia as imagens de maneira a enfatizar essa articulação no plano visual, estabelecendo ligações semânticas entre o moderno e o indígena através de associações entre imagens e textos que permeavam suas páginas. Este procedimento gráfico é mais claramente percebido nas capas da revista, onde formas geométricas em cores fortes são associadas a desenhos e colagens fotográficas com o intuito de transmitir mensagens específicas. Imagens de objetos ou corpos indígenas apareceram em pelo menos três capas de *Habitat*, sempre sobrepostas a alguma expressão da linguagem moderna, seja design, arquitetura ou pintura.[3]

EXPOSIÇÕES

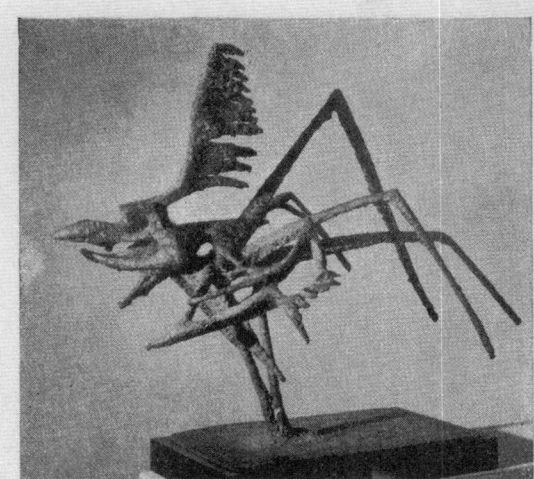
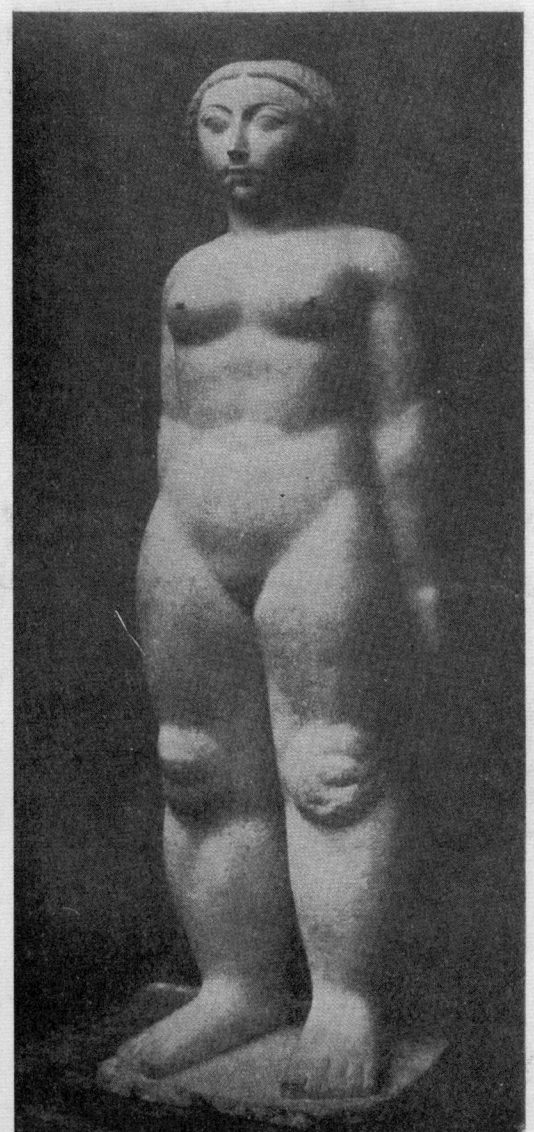

SALÕES

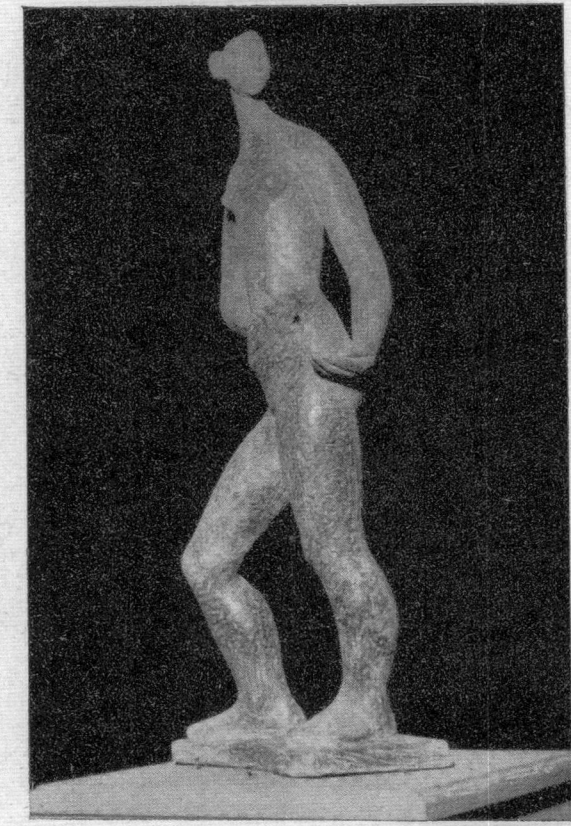

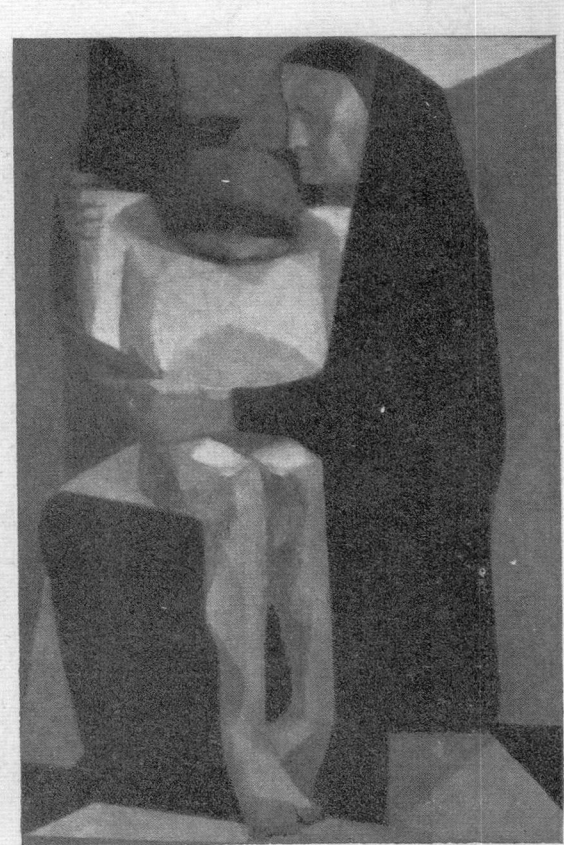

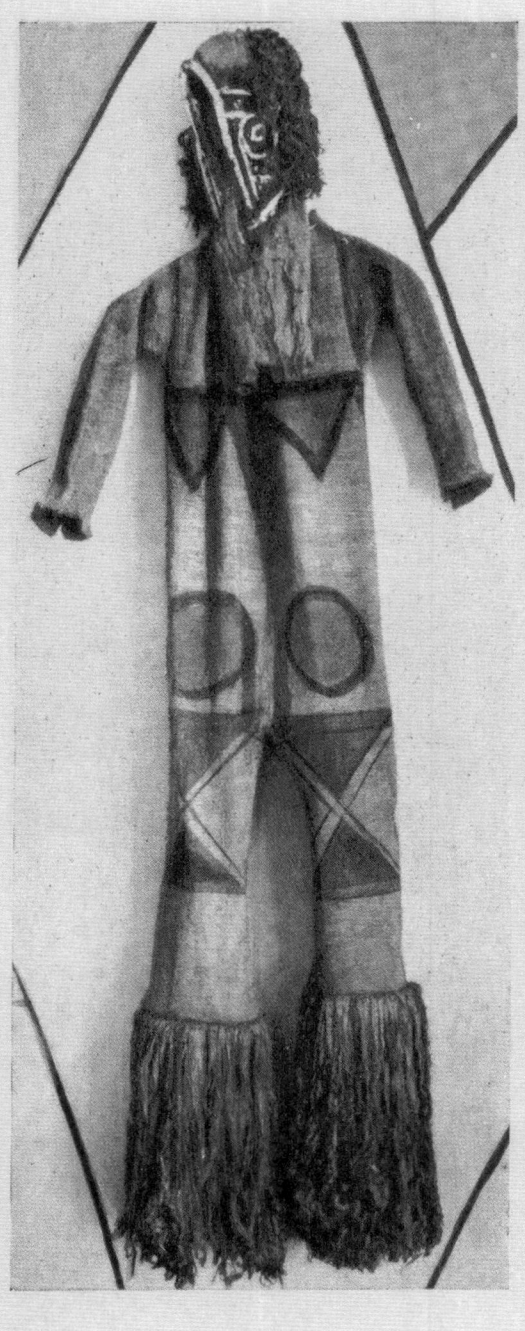

Mascaras Tikuna

Ser moderno, *Habitat* nos explica didaticamente, é estar conectado tanto à linguagem do modernismo quanto às artes populares, indígenas, "primitivas". Ainda que esse olhar etnográfico deva ser identificado com a sensibilidade e a ética singular de Lina Bo Bardi em relação à cultura popular – uma sensibilidade que ela desenvolveu magistralmente em sua curta, porém influente, direção da revista *Habitat* (1950-1954), bem como através de seus projetos curatoriais e de arquitetura – tal perspectiva também deve ser situada num contexto mais amplo. Figurações do primitivo, do indígena e do selvagem desempenharam um papel central na formação do movimento moderno no Brasil e, neste sentido, do próprio modernismo como um todo desde sua matriz europeia. Ao contrário do contexto europeu, em que as vanguardas buscavam um rompimento radical com o passado e a tradição, o encontro dos modernistas brasileiros com o primitivo esteve associado à fabricação de um sentido de identidade e cultura nacional. Daí ser possível falar em "*nossa arte primitiva*". Imagens de objetos indígenas eram exibidas em *Habitat* sob esse enquadramento, servindo como referências para um tipo particular de linguagem moderna que, a despeito de sua filiação ao internacionalismo, era embasada por formas de expressão nativas e populares, recursos estéticos de uma autêntica cultura moderna-nacional.

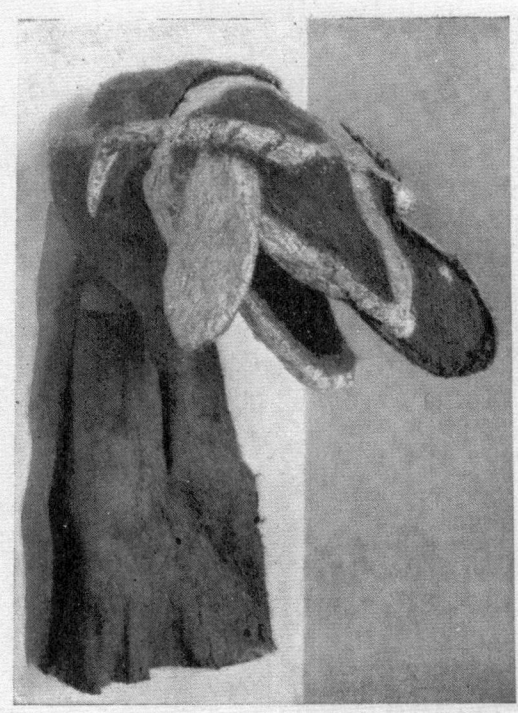

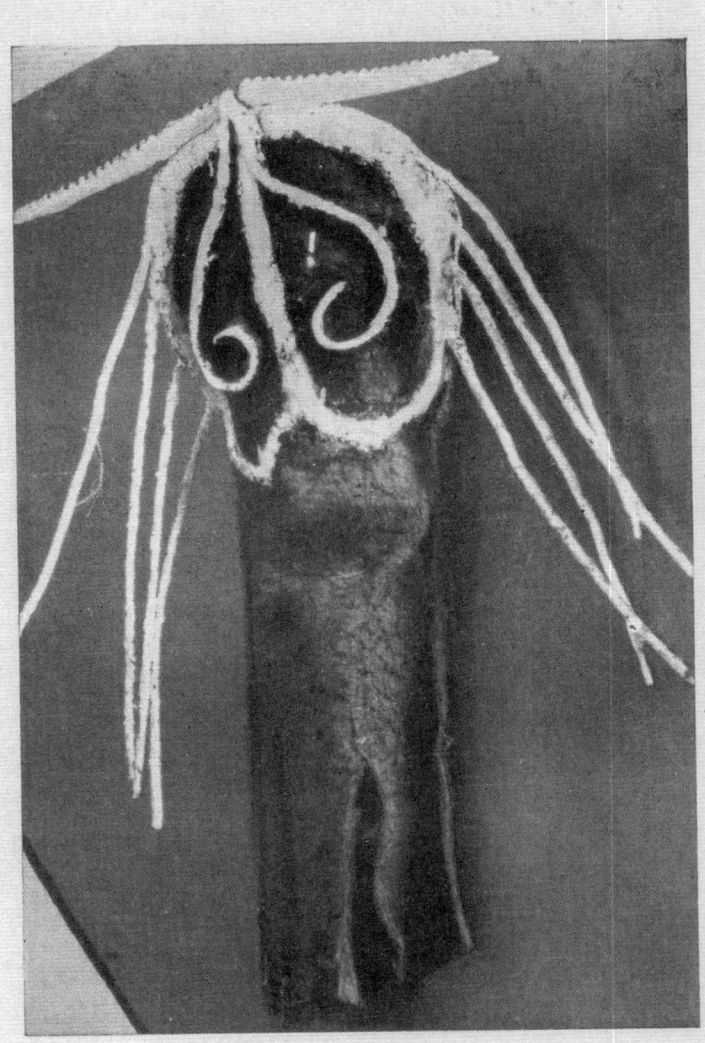

Em virtude da "didática" empregada na linguagem textual e visual de *Habitat*, a revista exibia as imagens de corpos, rituais, artes e artefatos indígenas como se estivessem expostas em um espaço entre o museu etnográfico e o museu de arte moderna: objetos desconectados de seu território social e cultural, que deveriam ser contemplados como obras de arte autônomas. Do mesmo modo, esse tipo de enquadramento excluía os processos sociais pelos quais as imagens foram produzidas. A questão central que elas levantam está longe de qualquer coisa relacionada à "arte etnográfica" que exibem. Pelo contrário, diz respeito ao que está fora do quadro. Pois qual era o contexto histórico e social que permitiu que imagens de objetos indígenas fossem produzidas, reproduzidas, e divulgadas em mídias sofisticadas como referências formais da "nova linguagem"?

Depois da Revolução de 1930, o Estado brasileiro embarcou em um projeto agressivo de colonização territorial. Através do governo Vargas e da ideologia que ele propagava, o mito da fronteira — uma construção ideológica derivada da colonização norte-americana — foi traduzido em um mito moderno e, em certo sentido, modernista da formação nacional e da identidade brasileira. "O verdadeiro sentido de brasilidade é a marcha para oeste", declarou Vargas.[4] Ao contrário da versão norte-americana, a adaptação tropical da narrativa não era centrada no movimento de famílias de pioneiros que desbravaram a vastidão das terras na fronteira ocidental, mas em um fenômeno específico na história colonial do Brasil: o movimento das bandeiras.

Notórias pela violência, as bandeiras surgiram no final do século XVI como incursões territoriais paramilitares que tinham por objetivo encontrar minerais preciosos e capturar indígenas para serem comercializados como escravos. Originadas nos planaltos paulistas, eram comandadas por Europeus e seus descendentes, e contavam com centenas ou mesmo milhares de homens, em sua vasta maioria índios e negros escravizados. As bandeiras foram responsáveis por combater grupos de nativos rebeldes e comunidades quilombolas, abrindo caminhos para as ricas jazidas de ouro no interior do Brasil, e assim expandindo o domínio territorial e a riqueza econômica do império colonial português. Na versão oficial da história nacional brasileira, as bandeiras adquiriram um status heroico, praticamente mítico, um legado que, em grande parte, pode ser atribuído à Era Vargas e aos investimentos estratégicos que seu governo fez na narrativa da fronteira através de vários meios de propaganda política e de produção cultural, incluindo as artes e a arquitetura.

O grande mural "Os Bandeirantes", de autoria do artista patrício, Candido Portinari

Com a grande obra de Candido Portinari no Hotel Comodoro, a arte do mosaico no Brasil recebe um firme impulso e indica ao mesmo tempo as possibilidades da decoração mural. Um trabalho semelhante não podia deixar de ser destinado ao nosso maior pintor, que executou murais já famosos, como a "Primeira missa"

Portinari aproveitou brilhantemente todos os elementos, dando caráter aos seus personagens numa composição mo-

numental, para exprimir a fôrça, a energia, a vontade e o ideal que os tornou lendários. Do mosaico, meio de expressão absolutamente novo entre os pintores brasileiros, Portinari soube extrair um extraordinário conjunto colorístico, mesmo valendo-se de tons sóbrios e severos.

Corpus do Barrôco

Nessa época, a caracterização das bandeiras coloniais como uma experiência singular na formação nacional e sua associação com o processo de modernização brasileiro também se tornaram ideias influentes entre intelectuais, artistas, e agitadores afiliados ao movimento moderno, particularmente em São Paulo, onde as bandeiras originalmente surgiram. Tais temas eram especialmente significativos para grupos que abraçavam visões culturais e políticas ultranacionalistas, alguns dos quais se alinharam com os ideais autoritários do fascismo e sua estética modernista. Não apenas compartilhavam a visão de que a modernização do país estava associada à "conquista do Oeste", mas, através dos imaginários de modernidade nacional que propagavam, também vieram a fornecer a legitimidade ideológica para que esse projeto fosse realizado. Isso fica mais explícito na obra e trajetória do poeta Cassiano Ricardo, modernista pioneiro que assumiu uma posição central na agência de informação e propaganda estatal implementada pelo regime Vargas, particularmente em seu livro *Marcha para Oeste: a influência da bandeira na formação social e política do Brasil*, publicado em 1940.

BARROCO

BARROCO

No campo da arquitetura e do design, a conexão entre a modernidade e o passado colonial do Brasil foi estabelecida através da caracterização da arquitetura colonial, ou o que o arquiteto e urbanista Lúcio Costa chamava de "arquitetura luso-brasileira", como principal referência para a linguagem moderna-nacional. Por "luso-brasileira", Costa referia-se à arquitetura das cidades coloniais, missões religiosas, fazendas, e plantações do século XVII e XVIII, e mais especificamente à arquitetura das cidades coloniais mineiras do interior do Brasil. Como resultado das incursões bandeirantes e do descobrimento de enormes depósitos de ouro, ao longo do século XVIII, Minas Gerais tornou-se o epicentro da economia colonial, experimentando um processo de rápida urbanização e o desenvolvimento de um estilo barroco singular. Era ali, no interior profundo dos sertões brasileiros, nas fronteiras do império colonial, que uma forma de arquitetura mais autêntica, mais "primitiva," havia sido preservada, sem os maneirismos dos centros metropolitanos e, portanto, ainda mais conectada à verdade estética do moderno-nacional.

BARROCO

Imagens do catálogo da exposição Brazil Builds: Architecture New and Old, 1652–1942 realizada no MoMA em 1943.

Images from the catalog for the exhibition Brazil Builds: Architecture New and Old, 1652–1942 held at MoMA in 1943.

BARROCO

Segundo essa perspectiva, o colonial não era visto como algo que deveria ser contraposto por uma forma independente de arte moderna nacional; pelo contrário, era visto como a própria fonte de sua singularidade. Essa narrativa foi consagrada na exposição *Construção brasileira: Arquitetura moderna e antiga: 1652–1942* realizada no Museu de Arte Moderna de Nova York (MoMA) em 1943, que alçou uma jovem geração de arquitetos modernos brasileiros ao reconhecimento internacional. Organizada no contexto de uma série de iniciativas culturais utilizadas pelos Estados Unidos para expandir sua influência geopolítica na América Latina, e contando com o envolvimento direto do Departamento de Imprensa e Propaganda (DIP), a agência de informação do Estado Novo, a exposição do MoMA dedicou um espaço significativo à pesquisa da arquitetura colonial, corroborando a narrativa de que a originalidade do modernismo brasileiro derivava de sua afiliação com a "tradição colonial".

A validação do colonial como referência ao modernismo na arquitetura serviu como mais uma peça

Imagens do catálogo da exposição Brazil Builds: Architecture New and Old, 1652–1942 realizada no MoMA em 1943.

Images from the catalog for the exhibition Brazil Builds: Architecture New and Old, 1652–1942 held at MoMA in 1943.

Capa do catálogo da exposição Brazil Builds: Architecture New and Old, 1652–1942 realizada no MoMA em 1943.
Cover of the catalog for the exhibition Brazil Builds: Architecture New and Old, 1652–1942 held at MoMA in 1943.

ideológica na construção de uma narrativa que associava a modernização nacional à colonização do território. Além de promover essa narrativa no discurso cultural e político, o governo Vargas, que abraçou o modernismo como sua própria imagem, fez da expansão de fronteiras um dos principais pilares de sua política centralizada de modernização nacional. Isso foi colocado em prática através do programa de governo conhecido como "Marcha para o Oeste", que desencadeou uma série de expedições, projetos, e políticas com o objetivo de estabelecer infraestruturas de transporte, "postos avançados de ocupação", e pequenos povoamentos através dos territórios "inexplorados" do interior do Brasil. Em 1943, no auge da guerra, Vargas criou a agência estatal Fundação Brasil Central (FBC) com o objetivo de "desbravar e colonizar as zonas compreendidas nos altos rios Araguaia, Xingu e no Brasil Central e Ocidental".[5] A FBC foi responsável por penetrar territórios indígenas até então inacessíveis para o Estado, abrindo vastas extensões de terra para colonização nas décadas seguintes. Vargas também promoveu a migração em massa de pobres camponeses do Nordeste para a Amazônia para trabalharem em um programa de extração de borracha financiado pelos Estados Unidos durante a guerra, entre várias outras iniciativas para estimular a colonização do que na época era chamado de "vazios demográficos" do interior do Brasil.

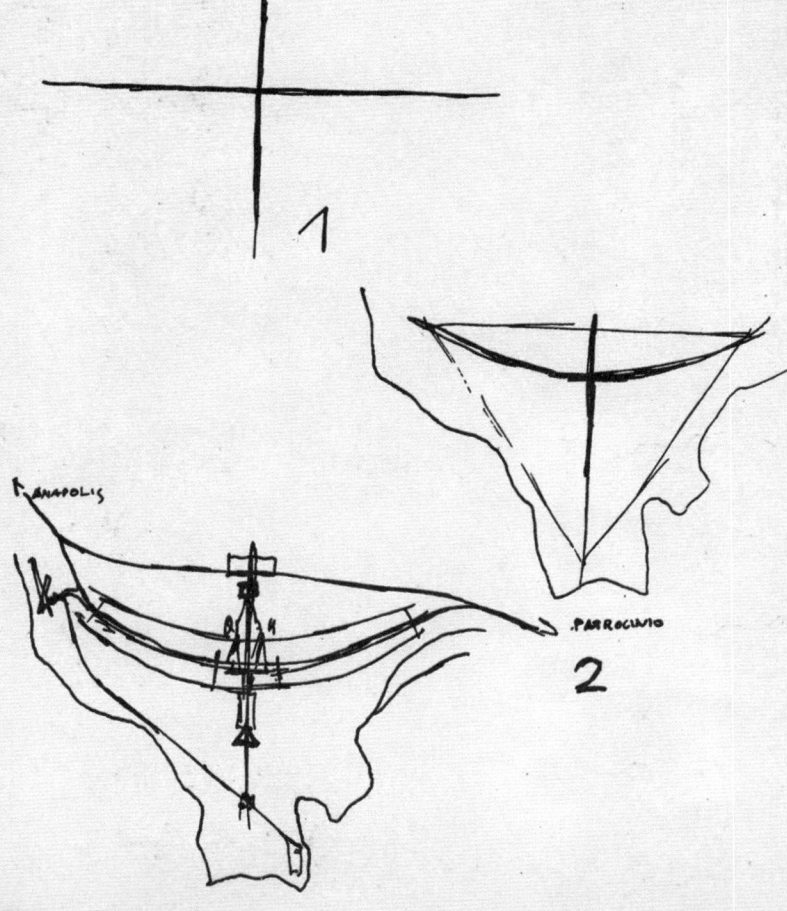

A ideologia da fronteira foi apropriada e remodelada por praticamente todos os governos subsequentes no Brasil, democráticos e autoritários, civis e militares. A "conquista do Oeste" tornou-se um projeto de Estado na mesma medida em que seu apelo ao nacionalismo, ao progresso, e à modernidade servia como legitimação ideológica do poder estatal e de suas ações no território. Juscelino Kubitschek, que é lembrado na história como o construtor da capital modernista Brasília, mobilizou o mito da fronteira ainda mais que Vargas, modelando sua própria persona presidencial na imagem de um bandeirante moderno. Ao final dos anos 1950, sob seu governo, a colonização da fronteira havia sido expandida para projetos de infraestrutura e modernização regional ainda mais ambiciosos, que então se estendiam em direção à floresta amazônica.

Por conta da magnitude de sua construção e de seu poder simbólico, a nova capital foi o projeto mais expressivo da política bandeirista de Kubitschek. Situada estrategicamente no centro do território nacional, Brasília é, em sua essência e conscientemente, uma cidade colonial. Lúcio Costa, autor do projeto urbanístico da cidade, atribuía a origem de Brasília a "um ato deliberado de posse [...] um gesto de sentido ainda desbravador, nos moldes da tradição colonial". Esse é o fundamento conceitual do projeto urbanístico da cidade, que segue o traçado de uma cruz, e não de um "avião moderno" como muitos vieram a interpretar. Brasília "nasceu do gesto primário de quem assinala um lugar ou dele toma posse", escreveu Lúcio Costa, "dois eixos cruzando-se em ângulo reto, ou seja, o próprio sinal da cruz".[6]

Plano Brasília

Em todos os espectros ideológicos, o colonialismo não foi rejeitado pelos modernistas; pelo contrário, foi abraçado como um gesto estético radical e único. O crítico de arte Mário Pedrosa, histórico militante de esquerda e uma das figuras mais influentes da área no Brasil, alegou que a genialidade do plano diretor de Lúcio Costa para Brasília "consistiu em aceitar a incongruência inerente ao programa, e, evitando toda a solução de meio-termo, ou eclética, decidir resolutamente pelo lado inexorável, dadas as condições objetivas imediatas: o reconhecimento de que a solução possível ainda era na base da experiência colonial, quer dizer, uma tomada de posse à moda cabralina, chanfrando na terra o signo da cruz."

Across different ideological strands, the colonial was not rejected by the moderns but embraced as a radical, singular aesthetic gesture. The art critic Mario Pedrosa, a historical leftwing militant and one of Brazil's most influential figures in the field, once contended that the genius of Lúcio Costa's masterplan for Brasília "consisted in accepting the incongruity inherent in the program, and, avoiding all compromise or eclectic solution, decided resolutely on the inexorable, given the immediate objective conditions: the recognition that the possible solution was still at the base of the colonial experience, that is to say, taking possession as [Portuguese explorer Pedro Alvarez] Cabral once did, carving the sign of the cross on the land."

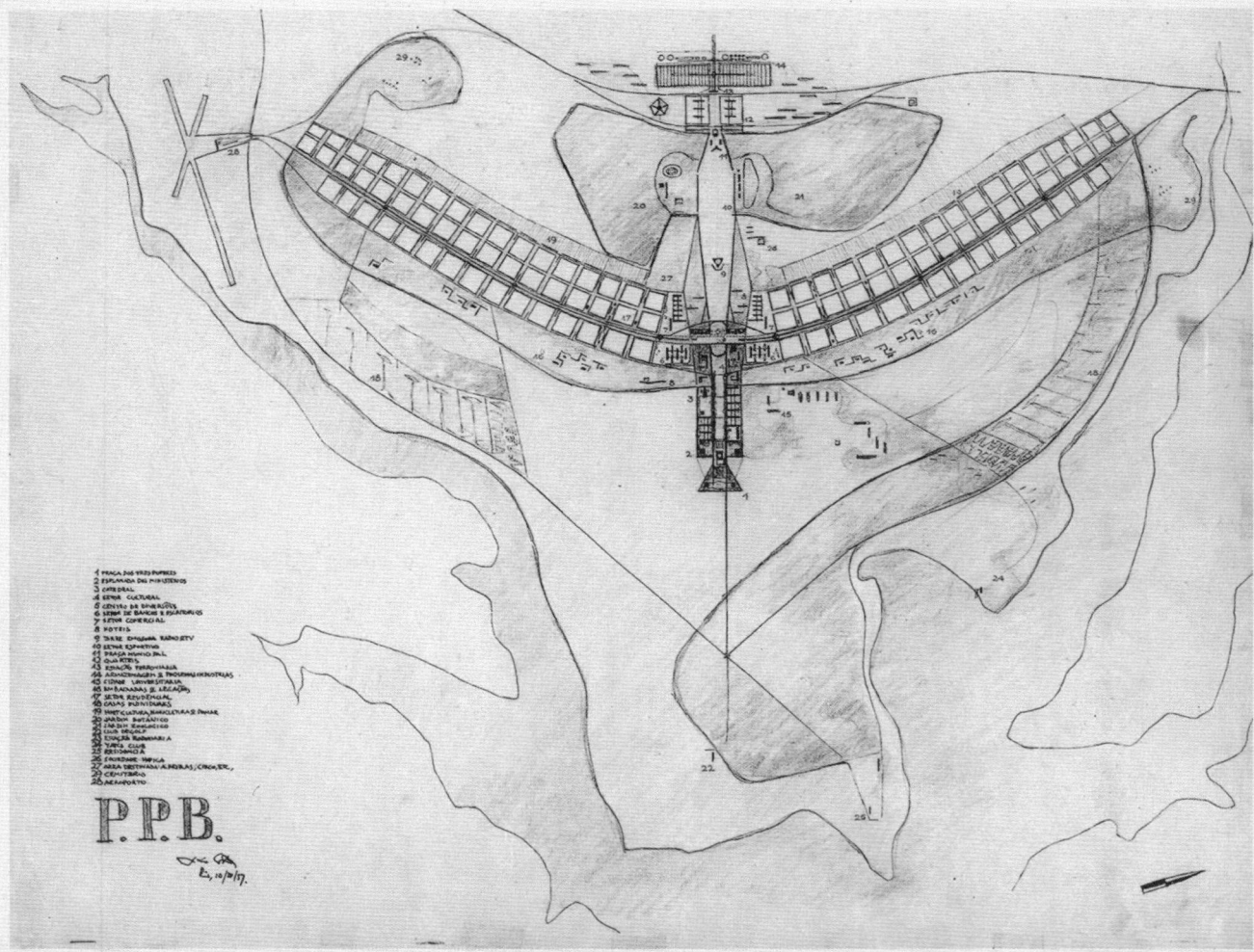

civilização

Desnecessário dizer que o interior do Brasil não era um "vazio demográfico" como a ideologia estatal moderna propagava, mas um território altamente diversificado do ponto de vista social e ambiental, habitado por uma miríade de nações e culturas indígenas. A fim de cumprir o projeto de conquista e colonização da fronteira ocidental, o Estado brasileiro tinha que encontrar uma solução para os povos cujas terras buscava ocupar e explorar. Para tanto, contou com uma agência exclusivamente dedicada à governança de assuntos indígenas chamada Serviço de Proteção aos Índios (SPI).
O SPI era responsável por executar o que era então oficialmente conhecido como "pacificação" de grupos indígenas que habitavam áreas de expansão de fronteira ou destinadas a projetos desenvolvimentistas. Estabelecido em 1910 e originalmente intitulado SPILTN – que inclui a frase "e Localização dos Trabalhadores Nacionais" – o SPI tinha sua prática e ideologia baseadas em princípios pacifistas, integracionistas, e expansionistas, objetivando transformar populações indígenas em cidadãos nacionais enquanto abria suas terras para a colonização estatal e privada. A agência executava práticas de controle territorial e social desenvolvidas por administradores e missionários coloniais, empregando estratégias similares aos *descimentos* ou *reducciones*. Tal estratégia consistia em deslocar e concentrar comunidades indígenas em aldeamentos, assim contendo seus movimentos e despovoando vastos territórios para apropriar-se de suas terras.

Serviço de Proteção aos Índios – Seção de Estudos, descrição arquivística do documento: SPI08172– Distribuição de roupas e presentes aos índios, Posto de Captação dos Índios Curisevo, Expedição Científica e Documental do rio Curisevo, foto de Heinz Foerthmann, 1945. Cortesia do Museu do Índio – FUNAI.

Indian Protection Service – Research Section, archive entry: SPI08172, "Distribution of clothes and gifts to the indians, Curisevo Indigenous Post of Attraction, Scientific and Documentary Exploration of the Curisevo River, photograph by Heinz Foerthmann, 1945." Courtesy of the Museum of the Indian – FUNAI.

FOLCLORE

fetiche

Objéto

fetiches

Fetiche

FOLCLORE

Serviço de Proteção aos Índios – Seção de Estudos, descrição arquivística do documento: SPI08020, "Distribuição de roupas e presentes aos índios Kuikuro pela equipe do Serviço de Proteção ao Índio", Posto de Captação dos Índios Curisevo, Expedição Científica e Documental dos rios Curisevo e Culuene, foto de Heinz Foerthmann, 1944." Cortesia do Museu do Índio – FUNAI.

Indian Protection Service – Research Section, archive entry: SPI08020, "Distribution of gifts to the Kuikuro Indians by the Indian Protection Service team, Curisevo Indigenous Post of Attraction, Scientific and Documentary Exploration of the Curisevo and Culuene Rivers, photograph by Heinz Foerthmann, 1944." Courtesy of the Museum of the Indian – FUNAI.

FOLCLORE

FOLCLORE

Serviço de Proteção aos Índios – Seção de Estudos, descrição arquivística do documento: SPI02732 - "Hasteamento da Bandeira Nacional assistido por índios Bakairi e índios do Xingu (Mehináku, Kuikuru, Kalapálo, Waurá, Aweti)", Posto Indígena Simões Lopes, fotografia de Heinz Foerthmann, 1943. Cortesia do Museu do Índio – FUNAI.

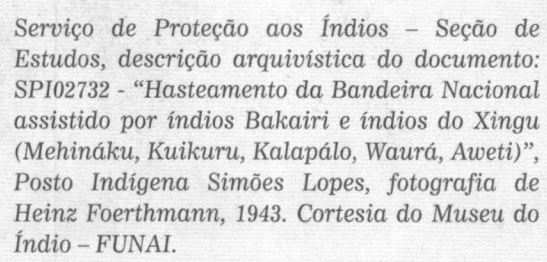

Indian Protection Service – Research Section, archive entry: SPI02732, "National Flag Raising assisted by Bakairi Indians and Indians coming from Xingu (Mehináku, Kuikuru, Kalapálo, Waurá, Aweti). Simões Lopes Indigenous Post, photography by Heinz Foerthmann, 1943." Courtesy of the Museum of the Indian – FUNAI.

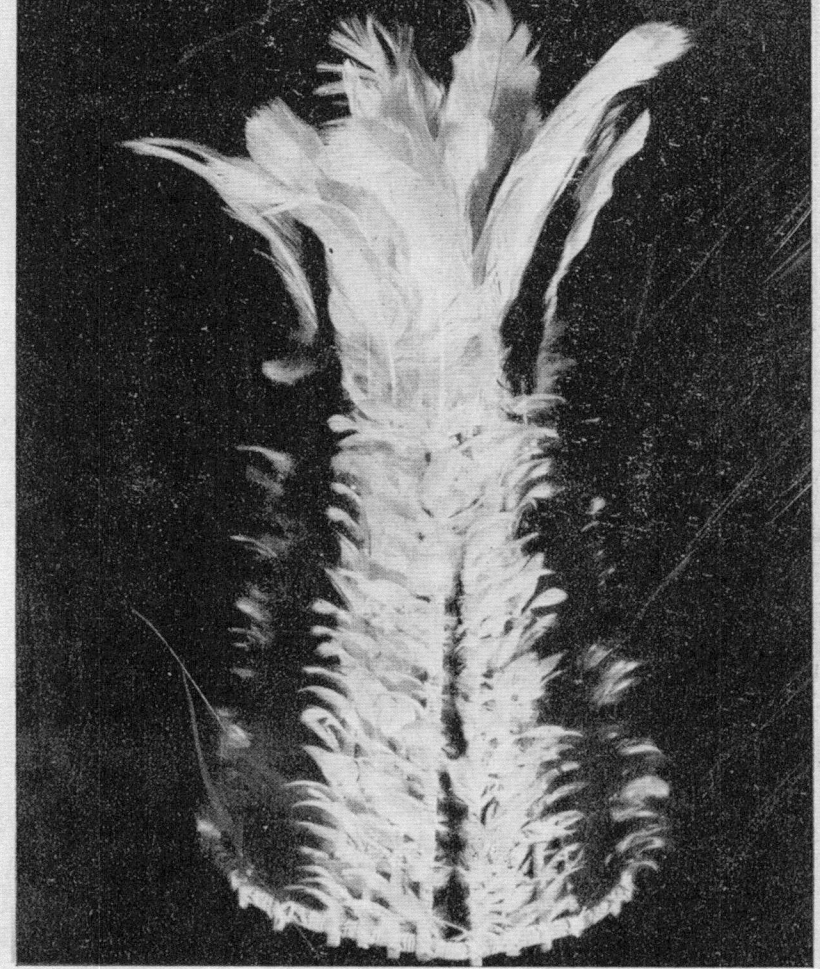

FOLCLORE

Serviço de Proteção aos Índios – Seção de Estudos, descrição arquivística do documento: SPI02737, "Grupo de alunos Bakairi assistindo o hasteamento da bandeira", Posto Indígena Simões Lopes, fotografia de Heinz Foerthmann, 1943." Cortesia do Museu do Índio – FUNAI.

Indian Protection Service – Research Section, archive entry: SPI02737, "Group of Bakairi students watching the flag raising. Simões Lopes Indigenous Post, photography by Heinz Foerthmann, 1943." Courtesy of the Museum of the Indian – FUNAI.

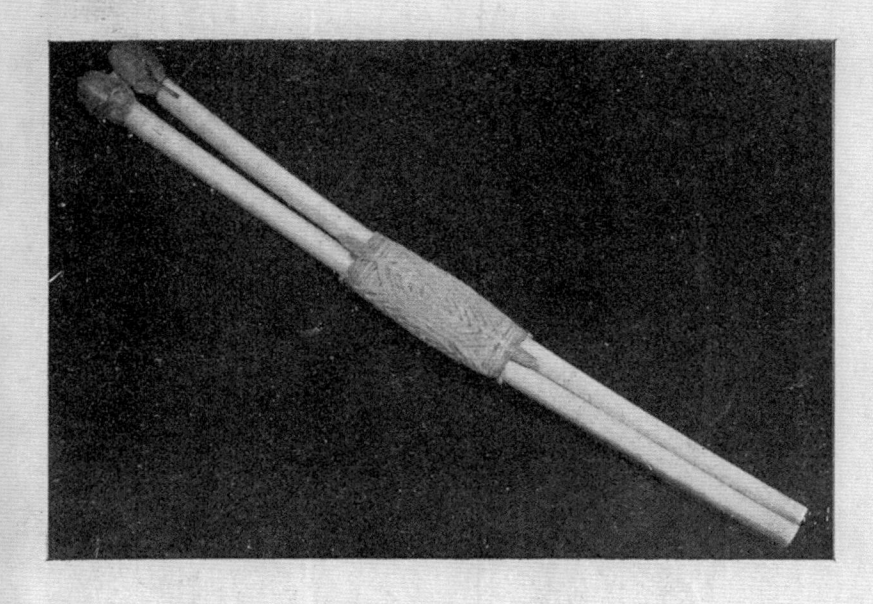

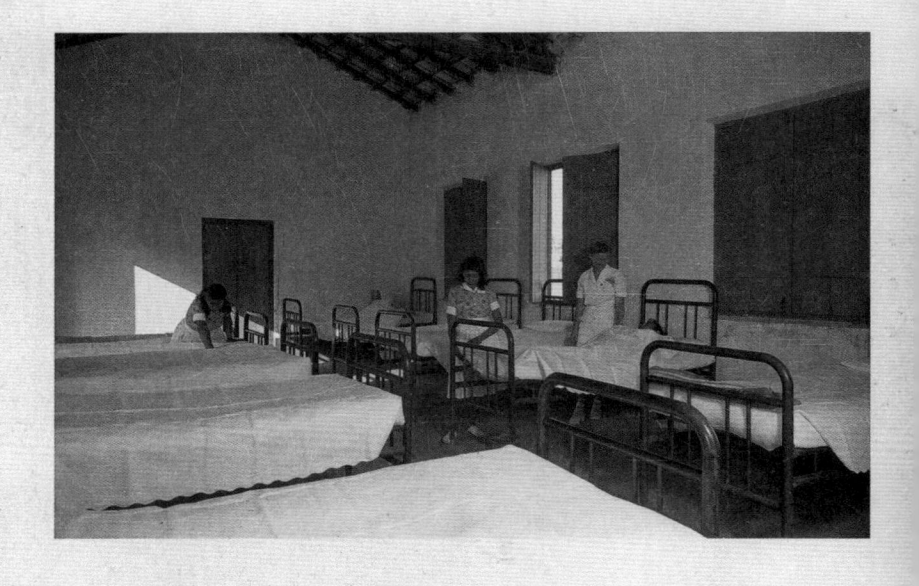

FOLCLORE

Serviço de Proteção aos Índios – Seção de Estudos, descrição arquivística do documento: SPI02718, "Sala dos enfermos", Documentário Bakairi, fotografia de Heinz Foerthmann, 1943." Cortesia do Museu do Índio – FUNAI.
Indian Protection Service – Research Section, archive entry: SPI02718, "Room of the Sick. Bakairi Documentary, photography by Heinz Foerthmann, 1943." Courtesy of the Museum of the Indian – FUNAI.

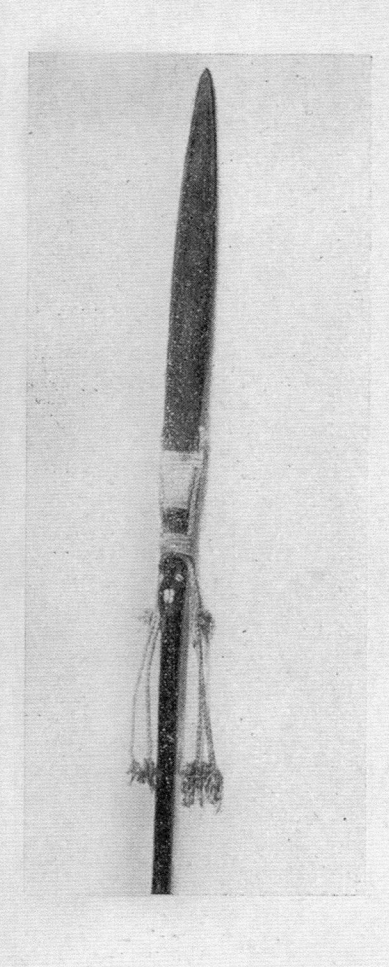

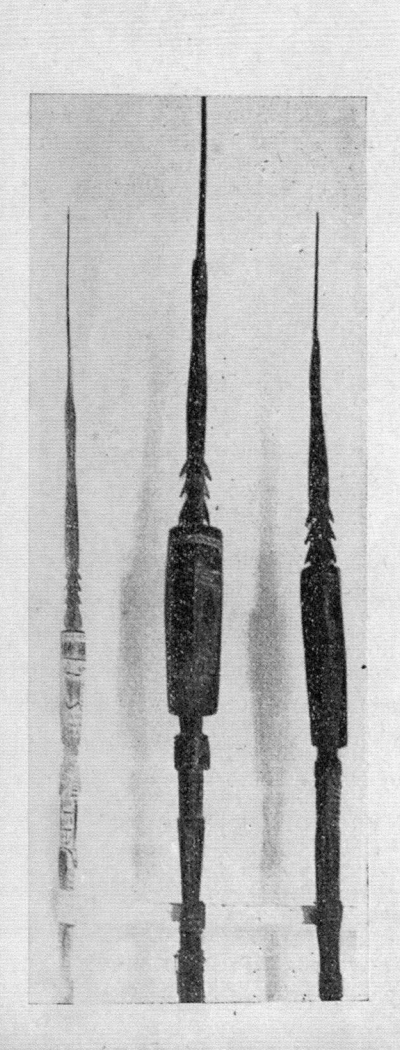

FOLCLORE

Serviço de Proteção aos Índios – Seção de Estudos, descrição arquivística do documento: SPI02697 - "Alunos Bakairi em sala de aula", Documentário Bakairi, fotografia de Heinz Foerthmann, 1943. Cortesia do Museu do Índio – FUNAI.
Indian Protection Service – Research Section, archive entry: SPI02697, "Bakairi students in the classroom. Bakairi Documentary, photography by Heinz Foerthmann, 1943." Courtesy of the Museum of the Indian – FUNAI.

41

FOLCLORE

Por volta dos anos 1950 – quando *Habitat* foi publicada e Brasília construída – o SPI controlava mais de cem entrepostos espalhados pelo território brasileiro, formando uma rede geográfica organizada de acordo com estágios de aculturação entre grupos nativos: "postos de fronteira", "postos de atração", "postos de tratamento médico e alfabetização", "postos de nacionalização". Inicialmente servindo como "bases avançadas" para onde grupos indígenas eram coagidos a se deslocar e se fixar, esses acampamentos gradualmente se transformavam em colônias agrícolas governadas por oficiais do SPI onde comunidades eram doutrinadas sobre os hábitos da civilização ocidental, do trabalho rural, e das ideologias nacionalistas.

As atividades do SPI foram extensivamente documentadas em textos, fotos, e filmes, especialmente depois da criação da Seção de Estudos em 1942, um departamento dedicado a registrar a cultura dos grupos indígenas que estavam sendo submetidos ao processo de "pacificação". Sob a liderança do antropólogo Darcy Ribeiro, figura-chave dessa geração moderna, e contando com a contribuição de cineastas, fotógrafos, e etnógrafos modernos pioneiros, a Seção de Estudos foi responsável por produzir um arquivo audiovisual impressionante e "coletar" uma quantidade igualmente notável de artefatos indígenas que mais tarde adquiriria o status de museu, o Museu do Índio, que hoje tem sua sede principal no Rio de Janeiro.

As imagens e imaginários dos indígenas, dos primitivos, e dos selvagens que informavam os movimentos modernos nos grandes centros urbanos do Brasil eram supridas pela circulação de fotos, filmes, e artefatos capturados e coletados durante as missões de pacificação conduzidas pelo SPI, bem como por uma série de outras incursões exploratórias conduzidas pela FBC e por muitas outras iniciativas estatais e privadas que penetraram os sertões brasileiros com crescente frequência durante o século XX. Além disso, nos anos 1940 e 1950, essas incursões territoriais vieram a se conectar a práticas emergentes de fotojornalismo moderno, cujas imagens eram divulgadas não apenas em revistas ilustradas de variedades, mas também em

Mapa da rede geográfica de bases e postos indígenas do Serviço de Proteção aos Índios no território Brasileiro em 1949. Cortesia do Museu do Índio–FUNAI.
Map of the geographic network of IPS outposts and bases as of 1949. Courtesy of the Museum of the Indian–FUNAI.

publicações especializadas em arte e design como *Habitat*.

Habitat transmitia uma sensibilidade muito singular, que em muitos aspectos estava distante – e por vezes em dissidência – da narrativa colonial que animava os projetos modernizantes do Estado brasileiro. Em sua valorização do vernacular, do folclórico, do indígena, e do primitivo, a perspectiva editorial da revista abraçava o moderno-nacional, mas abordava esses temas sob um ponto de vista bastante particular, adotando uma perspectiva etnográfica única e muito poderosa que em grande medida ignorava – ou deliberadamente excluía – o aspecto colonial do quadro principal.

Meios de comunicação de massa contemporâneos à *Habitat*, principalmente *O Cruzeiro*, naquela época a revista ilustrada mais popular do Brasil, também frequentemente apresentavam reportagens sobre povos indígenas, algumas vezes empregando os mesmos repórteres e fotógrafos que contribuíam para a *Habitat*. Entretanto, ao contrário de *Habitat*, que focava sua narrativa no valor estético da "arte etnográfica" para o modernismo, *O Cruzeiro* focava na dimensão colonial das missões do SPI e da FBC, celebrando-as como bandeiras modernas moldando uma nova nação. Publicada pelo império midiático de Assis Chateaubriand, o patrono por trás do projeto do MASP, *O Cruzeiro* fazia parte da mesma ecologia de produção e consumo midiático que *Habitat*, ainda que ocupassem diferentes espaços e sensibilidades. Observadas em justaposição, essas publicações podem ser vistas como imagens complementares da modernidade e do modernismo brasileiros: a primeira documentando o que a outra deixava fora do quadro.

As fotografias de arte e artesanato indígenas que apareciam em *Habitat* eram registradas através da rede de "postos indígenas" e "bases avançadas" do SPI e da FBC, mas nada desse contexto era expresso em suas páginas, apenas de maneira contingente. O compromisso ético e estético da *Habitat* com relação ao vernacular, ao primitivo, e ao indígena de alguma maneira acabou servindo para ocultar a violência colonial através da qual estas imagens puderam ser utilizadas em suas páginas como referências estéticas para a linguagem moderna.

ARTES POPULARES

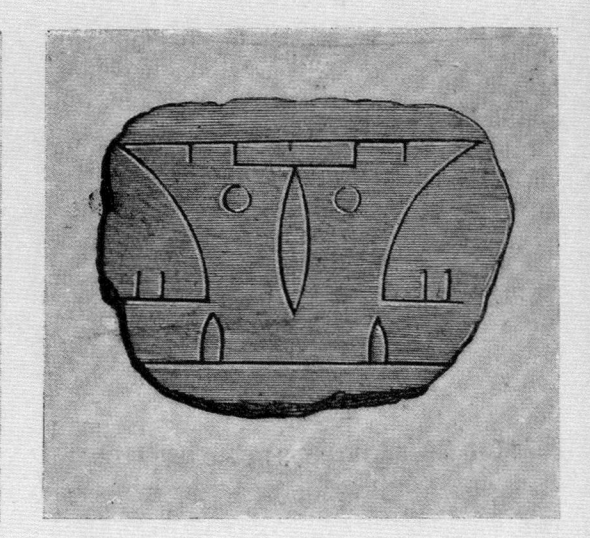

O índio desenhista

Quando o índio desenha, êle precede por sensações, por sinteses, por idealizações. Ele nunca aprendeu a dizer a verdade no sentido de exatidão, de cópia, de repetição: sua verdade é simbólica, procede e se resume em sinais fixos, mas variáveis em sua composição para oferecer um misto de lenda e de estados d'alma. Eis uma série de retratos geométricos, ricos em linhas infinitas e misteriosas, capazes de guiar nosso pensamento nas mais profundas meditações. Este jôgo de formas não é ocasional, mas obedece a um sistema expressivo, resultante de quem sabe quanto tempo e quanta tradição. A capacidade psicológica é absoluta, livre de tôda a crôsta exterior e supérflua. Um refinadíssimo pintor contemporâneo não iria mais longe.

ARTES POPULARES

O índio modista

O índio é fantasista, mas: não daquela fantasia sem freios, típica do produto de civilizações feitas e acabadas. Sua agitação mental é pacata, descançada e lenta, manifesta-se por meio de raciocínios simples, de simples preferências estéticas. O índio, ao fazer um enfeite, nêle coloca todo o seu conceito tradicional de apreciar uma forma ou uma côr. O material é a pena de ave, devidamente tratada. As côres são colocados em contraste, mas com uma certa delicadeza e harmonia. A confecção é, como toda a coisa produzida pelo índio, cuidada, meticulosa. Uma refinadíssima modista européia não poderia criar uma elegância maior.

Todas estas fotografias em côres de Roberto Maia.

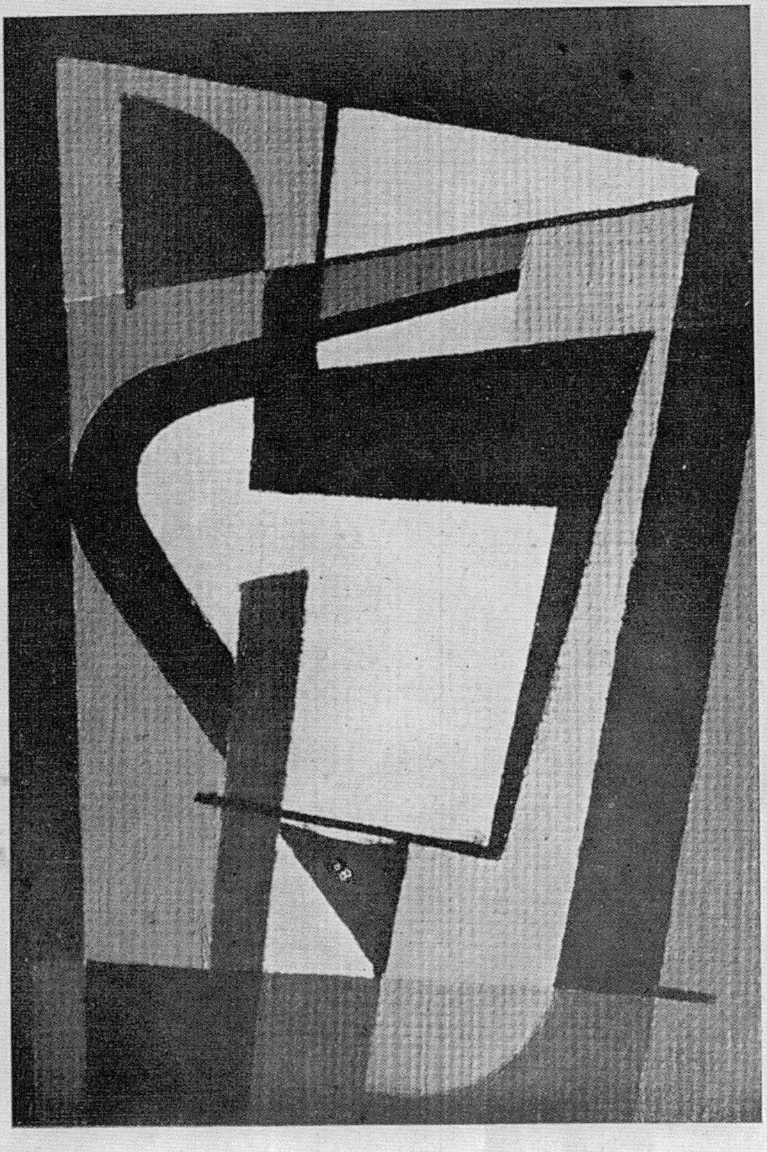

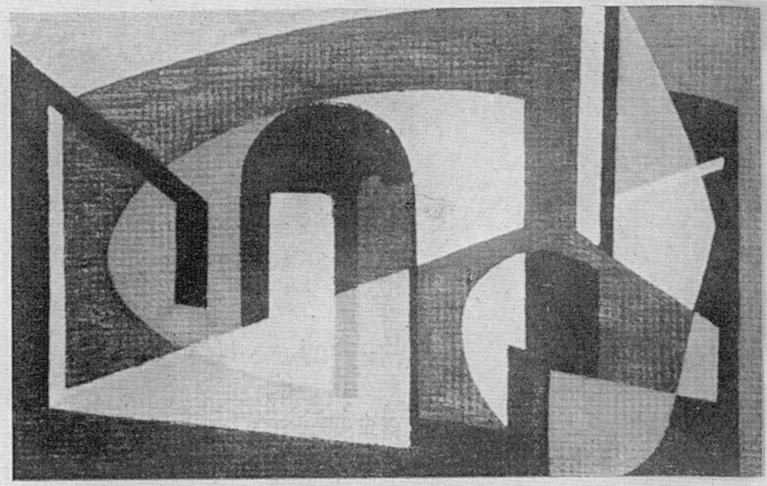

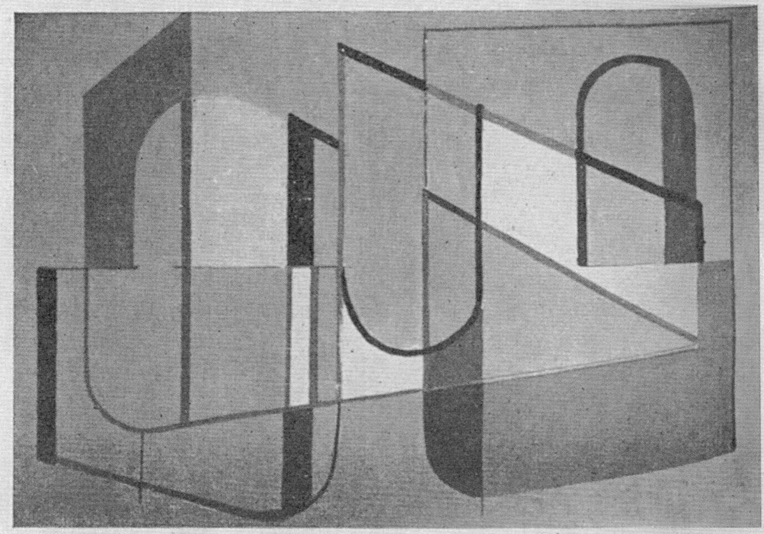

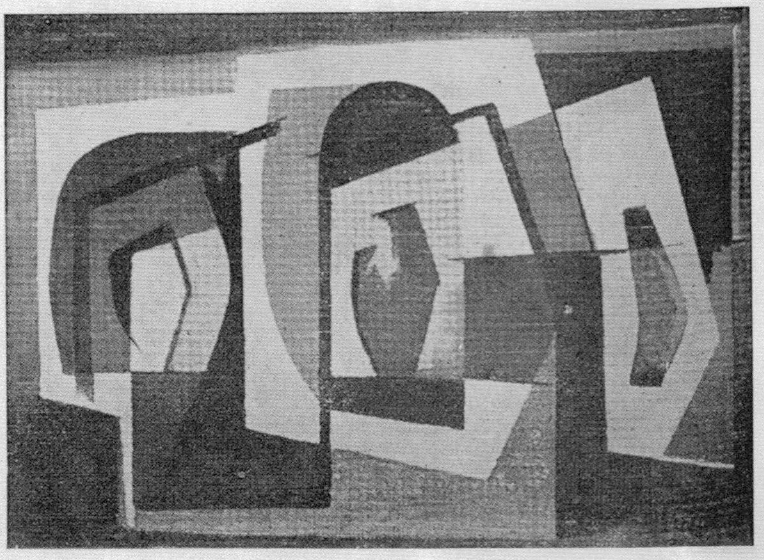

Carajás

Êstes índios habitam as margens do médio rio Araguará, na fronteira entre os Estados de Goiás e Mato Grosso. Antigamente viviam dispersos em muitas aldêias (ainda em 1936 visitei 27 delas). Hoje, porém, senão todos, pelo menos a maior parte dêles vive na Ilha Bananal (a maior ilha fluvial do mundo), onde foram concentrados pelo Serviço de Proteção aos Índios (S.P.I.).

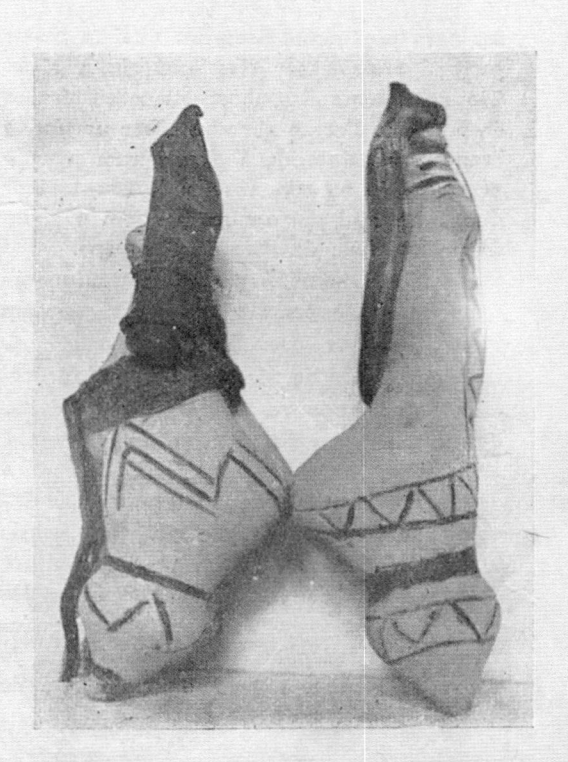

Serviço de Proteção aos Índios – Seção de Estudos, descrição arquivística do documento: SPI11885 "Rio Araguaia. Viagem de inspeção aos postos indígenas no Rio Araguaia e Rio das Mortes. A equipe da Seção de Estudos do SPI, composta por etnólogos, médicos e engenheiros, foi incumbida de fazer o levantamento da situação dos índios Karajá e propor melhorias para as condições de vida desta população. Fotografia de Heinz Foerthmann, 1947." Cortesia do Museu do Índio – FUNAI.

Indian Protection Service – Research Section, archival description of the document: SPI11885, "Araguaia River. Inspection trips to the indigenous posts on the Araguaia River and Rio das Mortes. The SPI Research Section staff, comprised of ethnologists, doctors and engineers, was entrusted with surveying the situation of the Karajá Indians and proposing ways to improve the population's living conditions. Photography by Heinz Foerthmann, 1947." Courtesy of the Museum of the Indian – FUNAI.

O povo Karajá, nação indígena que habita as margens do rio Araguaia no Brasil Central desde tempos imemoriais, foi um dos grupos nativos que figurou mais proeminentemente nas páginas de *Habitat*, aparecendo em diferentes edições durante a existência da revista. Não apenas seu trabalho escultórico em cerâmica era facilmente comparado à arte moderna, servindo assim como uma excelente "ferramenta pedagógica" para destacar o valor estético do primitivo, mas também naquela época esses objetos e suas imagens eram de fácil acesso.

O contato entre os Karajá e a sociedade colonial começou desde cedo, sendo os primeiros registros atribuídos às missões jesuítas em meados do século XVII. Nas décadas subsequentes, consecutivas bandeiras penetraram os vales do rio Araguaia, abrindo o território Karajá a uma onda de incursões exploratórias e frentes colonizadoras que seguiram a descoberta de ouro nos sertões brasileiros. Uma vez que a região se tornou de importância capital para a economia colonial, por volta do final do século XVIII, o governo central havia implantado uma série de "aldeamentos de índios" – instalações militares projetadas para concentrar e aprisionar populações indígenas – ao longo do alto Araguaia com o objetivo de "pacificar" a área.

Com o esgotamento das minas e o subsequente declínio da economia regional, os aldeamentos foram gradualmente abandonados, e boa parte do século XIX, quando o contato com as frentes coloniais era apenas intermitente, foi um período de relativa tranquilidade para os Karajá e outros grupos indígenas que vivem nos vales do rio Araguaia. Essa situação mudou dramaticamente da década de 1930 em diante com a implantação do programa "Marcha para o Oeste" pelo regime Vargas, desencadeando uma série de incursões, intervenções estatais, e projetos de colonização no território Karajá que duraram décadas.

O SPI instalou o primeiro posto em terras Karajá em 1930, na margem esquerda da Ilha do Bananal, uma ilha fluvial gigante formada entre os rios Araguaia e Javaé que fica no coração do território ancestral Karajá. Depois da criação da FBC, Bananal tornou-se um dos principais centros de transporte e logística para incursões territoriais nas fronteiras da floresta amazônica. No início dos anos 1940, a Força Aérea Brasileira estabeleceu uma base próxima à aldeia Karajá de Hawaló, também conhecida como Santa Isabel do Morro, enquanto o SPI instalou mais dois postos em outras partes da ilha. Nessa época, Getúlio Vargas visitou Bananal e encontrou-se com líderes Karajá para promover a imagem do seu governo como um movimento bandeirante modernizador e integracionista.

A nova rede territorial de "postos indígenas", "bases avançadas", pistas de pouso e povoados de fronteira que estava sendo implantada pela FBC e pelo SPI abriram terras indígenas não apenas para a apropriação e exploração de seus recursos naturais, mas também para outras formas de extração colonial que operavam no nível das imagens e representações. Essa infraestrutura concedeu acesso inaudito aos territórios indígenas a numerosos etnógrafos, cineastas, fotógrafos, e jornalistas que frequentemente colaboravam com a FBC e o SPI, ou que integravam expedições comissionadas por grandes veículos de comunicação como as revistas *O Cruzeiro* e *A Noite Illustrada*. Uma vez que o transporte para a Ilha do Bananal tornou-se relativamente fácil, enquanto o território Karajá ainda conservava a aura do que a sociedade moderna imaginava ser um território selvagem e intocado, entre os anos 1930 e os anos 1950 a região tornou-se um uma das paisagens mais simbólicas da "conquista do Oeste", aparecendo em uma variedade de mídias tais como jornais, revistas, livros, documentários e filmes de ficção. O território Karajá tornou-se um espaço altamente midiatizado, a partir do qual imagens da natureza tropical, do primitivo, e da identidade nacional foram produzidas, disseminadas, e manipuladas, sendo incorporadas às redes de produção e consumo da mídia moderna nos centros urbanos do Brasil.

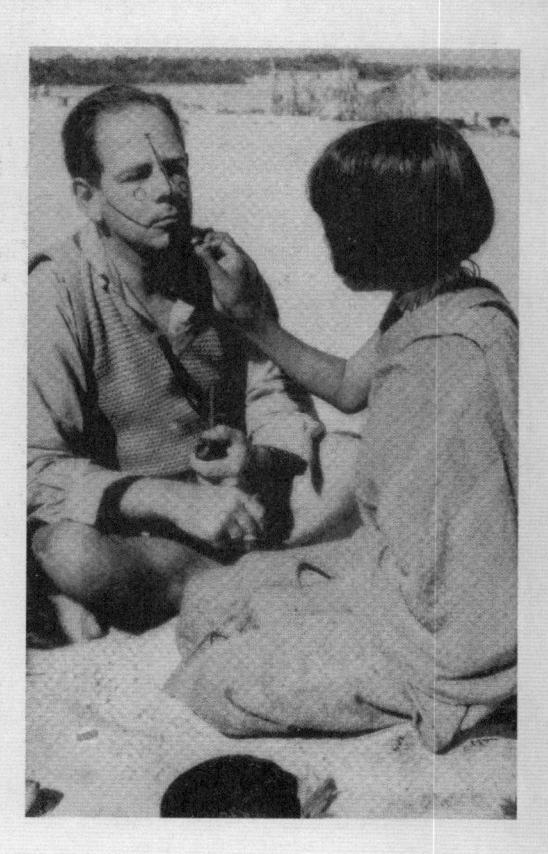

Imagens de Mario e Ruth Baldi publicadas no livro Uoni-uoni Conta Sua História, escrito por Mario Baldi em 1950.

Images of Mario and Ruth Baldi published in the book Uoni-uoni Conta Sua História written by Mario Baldi in 1950.

Vasos são comerciados por nós

Os Karajá aparecem pela primeira vez em *Habitat* na edição número 7, publicada em 1952, que dedicou várias páginas para exibir o trabalho cerâmico desse povo. Pelo texto introdutório ficamos sabendo que a impressionante série de esculturas apresentada na reportagem, reproduzida em belas fotos em preto e branco, havia sido recentemente integrada à coleção do MASP. Além disso, e das recorrentes comparações com Picasso e Matisse, sabemos quase nada mais sobre a história desses objetos e de como eles vieram a aparecer nas páginas de *Habitat*, exceto pelo fato de que chegaram ao MASP através das redes do SPI: "Quando o Museu de Arte de São Paulo realizou uma exposição em colaboração com o Serviço dos Índios, grande parte do público ficou maravilhada com os trabalhos apresentados".[7]

Em 1949, dois anos após a fundação do MASP, Pietro Bardi organizou uma exposição sobre arte indígena como parte do "programa pedagógico" do museu que incluía esculturas Karajá emprestadas de coleções públicas e privadas. Em sua longa história de contato com a sociedade colonial, os objetos de arte e artesanato feitos pelo Karajá foram apropriados por grandes coleções etnográficas no Brasil e na Europa, mas provavelmente nunca haviam sido exibidos em uma instituição comprometida com a arte contemporânea, nem de maneira a serem interpretados como referências para a estética moderna. "A exposição de arte indígena tem para o Museu um especial significado", diz a imprensa oficial do MASP em 1949, "pois vem se enquadrar no seu programa de esclarecer o público sobre as diversas influências que vêm moldando a fisionomia da arte indígena. É sabido que artistas como Picasso, Lipchitz e outros, estudando a arte primitiva, trouxeram para a arte moderna uma contribuição de certo definitiva. Na própria exposição didática da História das Ideias Abstracionistas, pode-se observar de uma forma mais precisa os paralelos existentes entre a expressão artística dos primitivos e a do artista contemporâneo".[8] Essa foi provavelmente a primeira vez que a arte de povos originários foi mostrada no MASP e incorporada à sua coleção, na época um gesto curatorial radical que, não sem contradições, estendeu-se através das páginas de Habitat.

Em 1956, Habitat publicou longos ensaios visuais sobre os Karajá em três edições consecutivas, números 33, 34 e 37, todas de autoria do fotógrafo austríaco Mário Baldi. Ainda que a qualidade estética do trabalho de Baldi seja discutível, ele é considerado uma figura pioneira no desenvolvimento do fotojornalismo moderno no Brasil, principalmente por causa das séries fotográficas que realizou de diferentes povos indígenas que vivem na bacia do rio Araguaia. A partir dos anos 1930, Baldi visita as Missões Salesianas no Brasil Central e acompanha várias expedições do SPI. Fotografou o povo Bororo no mesmo período que o antropólogo Lévi-Strauss estudou a região, e viajou ao território Karajá em diferentes ocasiões. Baldi colaborou com diversos veículos de comunicação europeus e brasileiros, especialmente com a revista *A Noite Illustrada*, onde publicou várias reportagens baseadas no material reunido durante essas expedições. Juntamente com o fotógrafo alemão Harald Schultz, um dos principais cineastas da Seção de Estudos do SPI, é também considerado o criador de uma das primeiras agências de fotojornalismo no Brasil.

Os ensaios visuais de Baldi em *Habitat* focavam em aspectos da cultura material e ritual dos Karajá, como suas cerâmicas, cerimônias tradicionais, danças e pinturas corporais. O tom do texto é de uma etnografia amadora, por vezes parecendo um relato de viagem de um explorador colonial do século XIX. Os Karajá são representados como uma entidade cultural insular, projetando a imagem de uma paisagem tropical e primitivista que correspondia bem ao discurso moderno encampado por *Habitat*. Nos artigos publicados em outros veículos, alguns dos quais ilustrados com as mesmas imagens usadas em *Habitat*, Baldi explorava o aspecto colonial das atividades do SPI e o simbolismo moderno das bandeiras. Em *Habitat*, as fotos aparecem enquadradas por uma perspectiva etnográfica que deixava de fora as condições que tornaram possível que Baldi estivesse presente no território Karajá registrando essas cenas. Sabemos apenas de fragmentos do contexto

Documentação do SPI do Posto Indígena de Bananal na Ilha do Bananal, território Karajá. Foto de Luis Thomas Reis, por volta de 1920.

SPI documentation of the Bananal Indigenous Post on Bananal Island, Karajá territory. Photo by Luis Thomas Reis, circa 1920.

Dança dos Índios, no Mato Grosso

no qual as imagens foram tomadas: "Antigamente viviam dispersos em muitas aldeias (ainda em 1936 visitei 27 delas). Hoje, porém, senão todos, pelo menos a maior parte deles vive na Ilha do Bananal, onde foram concentrados pelo Serviço de Proteção aos Índios (SPI)".[9]

Quando essas imagens foram publicadas em *Habitat,* o território Karajá estava sob uma série de intervenções devido às políticas coloniais implementadas pelo governo de Juscelino Kubitschek. Assim como Getúlio Vargas havia feito nos anos 1940, Kubitschek utilizou a imagem dos Karajá para retratar sua presidência como uma bandeira moderna e civilizadora que domesticava os sertões do Brasil. Kubitschek visitou à Ilha do Bananal diversas vezes para encontrar com líderes Karajá e, na ocasião da celebração da "Primeira Missa em Brasília" realizada em maio de 1957, um evento publicitário que agregou um público de mais de

"A primeira missa em Brasília" realizada em maio de 1957 no pátio de obras da nova capital. Cortesia do Arquivo Público do Distrito Federal, Brasília.
"The First Mass in Brasília" realized in May of 1957 at the construction site of the new capital. Courtesy of the Public Archive of the Federal District, Brasília.

O presidente Juscelino Kubitschek participa do batismo do filho do cacique Karajá Uataú na Ilha do Bananal, 1960. Ccortesia do Arquivo Nacional.
President Juscelino Kubitschek participates in the baptism of the son of Karajá chief Uataú on Bananal Island, 1960. Courtesy of the Brazilian National Archive.

quinze mil pessoas no local de construção da cidade, ele ordenou pessoalmente que a FAB trouxesse umà delegação Karajá direto da Ilha do Bananal para participar da cerimônia. Ao encenar a presença de representantes indígenas no batismo do sítio onde a nova capital seria construída, a intenção era evocar a primeira missa cristã feita pelos portugueses no Brasil para demarcar a posse do novo território colonial quando chegaram em 1500. Mais precisamente, o cenário foi desenhado para reproduzir uma versão moderna desse evento colonial tal como imortalizada na pintura *Primeira missa no Brasil*, de Victor Meirelles (1860), que se tornou a representação canônica de um tema nacional que foi posteriormente apropriado por diversos artistas modernos.

Victor Meireles, Primeira Missa no Brasil, 1860.
Victor Meireles, First Mass in Brasil, 1860.

A 1.ª MISSA EM BRASÍLIA
ERGUE-SE A CRUZ NO

MAIS DE QUINZE MIL pessoas acorreram a Brasília para assistir à primeira missa, que foi oficiada por Dom Carlos Carmelo. Encheu-se de vida o planalto goia

O CRUZEIRO, 18 de maio de 19

Relatório da "Primeira missa em Brasília", publicado na revista O Cruzeiro em 1957.
Report on the "The First Mass in Brasília" published in the magazine O Cruzeiro in 1957.

PLANALTO

À HORA dos discursos históricos, um padre anônimo fugiu da multidão, subiu em uma árvore para colhêr uma foto. Fixou o altar de N. S.ª da Aparecida dominando o platô.

QUINZE MIL PESSOAS SE REÚNEM NO PLANALTO PARA REZAR — UMA CENTENA DE AVIÕES POUSOU EM BRASÍLIA — O QUE AS ALTAS FIGURAS DA REPÚBLICA VÊEM NA NOVA CAPITAL

Texto de OLAVO DRUMMOND   Fotos de FLÁVIO DAMM

O PLANALTO transformou-se em um altar. No centro dêle, Nossa Senhora da Aparecida, padroeira de Brasília, encaminhava a Deus as orações de mais de quinze mil almas. Foram quinze mil pessoas que se abalançaram de suas comodidades, andaram centenas e milhares de quilômetros para acompanhar com o coração aquêle momento histórico: a primeira missa rezada na nova Capital da República.

◆ Dom Carlos Carmelo de Vasconcelos Mota, Arcebispo de São Paulo, celebrou o Primeiro Santo Ofício. Em presença das mais altas autoridades da República, Vice-Presidente João Goulart, governadores de Estados, eleitos sob as mais diversas legendas, expressões da sociedade brasileira, o Cardeal-Arcebispo teve a oportunidade de depositar palavras ardentes de esperanças e otimismo nos alicerces da cidade nascente.

◆ Dirigindo-se ao Presidente Juscelino Kubitschek, disse Sua Eminência a certa altura do discurso sacro:

◆ "O Sr. Presidente tem bem presente em seu espírito e atuantes em seu coração aquelas sentenças do Rei David: "Se Deus não intervém na edificação da cidade, em vão pelejam os que a edificam". "Se Deus não guarda a cidade, debalde vigiam os que a policiam".

Brasília será matriz, nutriz e protetriz da vida nacional integral e total.

E o gigante não continuará deitado eternamente nas areias entorpecentes das praias do litoral.

Vai acordar-se, vai levantar-se, vai galgar e transpor as Serras do Mar e da Mantiqueira para subir até o Planalto das vertentes do Brasil."

CRUZEIRO, 18 de maio de 1957

CONTINUA

OPERAÇÃO BANANAL

Do ponto de vista do povo Karajá, cujo território fica próximo da região de Brasília, pouco mais de 500 quilômetros ao noroeste, a dimensão colonial da cidade modernista não era apenas simbólica, mas teve impactos concretos, na maioria das vezes devastadores. Em 1959, com a construção da nova capital bastante avançada, Kubitschek começou a promover outras iniciativas ambiciosas para expandir a colonização cada vez mais para o interior. Tais iniciativas incluíam a construção de novas estradas desde Brasília até a floresta amazônica, e uma série de projetos em território Karajá conhecidos como "Operação Bananal".

Localizada no centro do território continental do Brasil, em uma área "deserta" distante das cidades litorâneas, acreditava-se que Brasília tinha poucas opções de lazer além de suas próprias amenidades urbanas modernas, como o lago artificial e o Parque da Cidade. Kubitschek então considerava que a Ilha do Bananal, um lugar de incrível beleza natural e de caça e pesca abundantes, poderia ser transformada no principal destino recreativo para as elites políticas

O Hotel JK foi projetado pelo arquiteto Oscar Niemeyer na Ilha do Bananal, 1961. Estas fotografias foram encontradas no dossiê investigativo "Ilha do Bananal," coletado nos arquivos da Divisão de Segurança e Informação do Ministério da Justiça, e nos arquivos da Fundação Brasil Central. Cortesia do Arquivo Nacional.

Hotel JK designed by architect Oscar Niemeyer in Bananal Island, 1961. These photographs were found in the "Bananal Island" investigation dossier, collected in the archives of the Ministry of Justice's Division of Security and Information, and in the archives of the Central Brazil Foundation. Ccourtesy of Brazil National Archive.

"Rancho Pioneiro" projetado por Oscar Niemeyer na Ilha de Bananal, 1961. Este protótipo deveria ser replicado como um módulo de colonização por toda a ilha. Essas fotografias foram encontradas no dossiê investigativo "Ilha do Bananal", coletado nos arquivos da Divisão de Segurança e Informação do Ministério da Justiça. Cortesia do Arquivo Nacional.

The "Pioneer Ranch" designed by Oscar Niemeyer on Bananal Island, 1961. This prototype was meant to be replicated as a colonization module across the entire island. These photographs were found in the "Bananal Island" investigation dossier, collected in the archives of the Ministry of Justice's Division of Security and Information. Courtesy of Brazil National Archive.

Hospital desenhado por Oscar Niemeyer na Ilha do Bananal, 1961. Cortesia do Arquivo Nacional.
Hospital designed by Oscar Niemeyer on Bananal Island, 1961. Courtesy of Brazil National Archive.

Plano Diretor para as Superquadras Residenciais, do projeto de colonização para a Ilha do Bananal desenvolvido pela FBC. A tipologia das "Superquadras" foi originalmente concebida no plano urbanístico de Brasília. Arquivo da Fundação Brasil Central, sem data. Cortesia do Arquivo Nacional.
Masterplan for the Residential Superblocks of the colonization project for Bananal Island developed by the FBC. The typology of the "Superquadras" was originally conceived in the masterplan of Brasília. Archive of the Brasil Central Foundation, undated. Courtesy of Brazil National Archive.

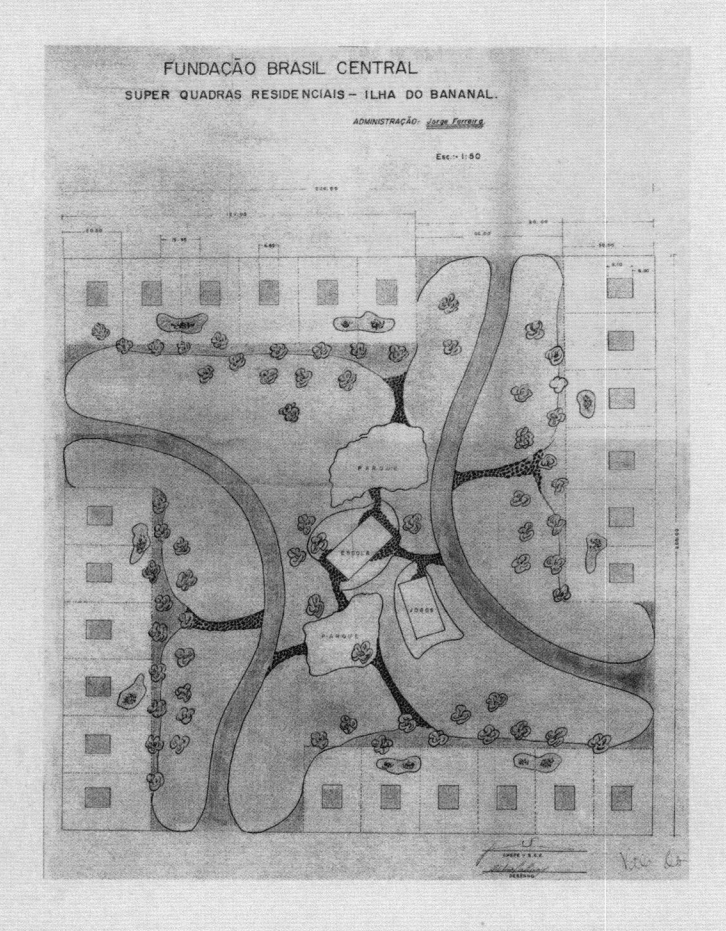

e burocráticas que viriam morar e trabalhar na nova capital. No final de 1959, Kubitschek assinou um decreto convertendo a Ilha do Bananal no Parque Nacional do Araguaia, expropriando assim os Karajá de seu território ancestral, e comissionou o arquiteto Oscar Niemeyer para projetar um complexo turístico na ilha. O programa arquitetônico incluía um hotel de luxo, um terminal aéreo, e o protótipo para uma unidade de habitação moderna chamada "Rancho Pioneiro", que foi projetada para funcionar como um módulo de colonização urbano-rural replicável em toda a ilha.

Na imprensa nacional, os planos de Kubitschek para a Ilha do Bananal eram descritos como "mais uma ofensiva desenvolvimentista", "uma nova cidade de penetração", "uma base avançada na conquista do Oeste". Seguindo o gesto de Brasília, a "operação" no território Karajá tratava-se de "um impulso a mais na direção da fronteira ocidental", escreveu Kubitschek. "Para que esse alvo fosse atingido, seria necessário transformar a ilha em parque nacional. O parque seria a meta da marcha que eu iria iniciar, no sentido de estabelecer na região, até então deserta, núcleos agrícolas pioneiros para o pleno desenvolvimento das atividades agropecuárias. Como a ilha era um paraíso de caça e pesca, decidi construir no seu ponto mais favorável um hotel de turismo e, levando em conta as primitivas condições de vida na região, resolvi simultaneamente incorporar os índios que ali habitavam à civilização brasileira, criando para eles serviços locais de assistência imediata".[10]

O Hotel Juscelino Kubitschek, ou simplesmente Hotel JK, como foi denominado o *resort* tropical projetado por Niemeyer, foi uma das muitas intervenções espaciais realizadas no território Karajá pela Operação Bananal. O projeto veio a ser denominado pelo termo militar "operação" porque envolvia um imenso esforço logístico para trazer toneladas de materiais e centenas de trabalhadores para a Ilha do Bananal para a construção de diversos edifícios e infraestruturas, uma tarefa hercúlea que naquela época só poderia ser reali-

Imagem do arquivo da Fundação Brasil Central mostrando a vista aérea do complexo do Hotel JK na Ilha do Bananal. 1 – Hotel; 2, 3 – Anexos; 4 – Aeroporto / Base Militar; 5, 6 – Aldeia Indígena; 7 – Rio Araguaia. Cortesia do Arquivo Nacional.

Image from the archive of the Brasil Central Foundation showing an aerial view of the Hotel JK complex on Bananal Island. 1 – Hotel; 2, 3 – Annexes; 4 – Airport / Military Base; 5, 6 – Indigenous Village; 7 – Araguaia River. Ccourtesy of Brazil National Archive.

zada com o apoio da Força Aérea Brasileira. O projeto original incluía habitações para a equipe da FBC e tropas militares, novos postos do SPI, mais de 20 quilômetros de rodovias pavimentadas, uma nova pista de pouso, uma escola, um hospital, e infraestrutura sanitária e elétrica para abastecer todo este complexo urbano, até então inexistente em Bananal. O plano original também incluía a construção de uma nova aldeia para a comunidade Karajá que vivia no local destinado ao Hotel JK. "Materializando o auxílio que durante toda a Operação Bananal vem a Fundação dando aos índios Karajá", reportava a FBC em 1960, "foi construída uma aldeia totalmente nova, com perfeitas condições higiênicas [...] sem alterar, entretanto, o habitat do índio".[11]

Localizado próximo à Hawaló/Santa Isabel do Morro, uma das aldeias mais populosas do território Karajá, o projeto de Niemeyer consistia em um único bloco horizontal suspenso sobre pilotis que elegantemente espelhava as paisagens planas da Ilha do Bananal. O design do edifício oferecia uma vista panorâmica da ilha e do rio, traduzindo a articulação entre modernismo, natureza tropical, e o primitivo em uma experiência real mediada por um sistema arquitetural panóptico. No lobby de entrada do hotel, os turistas eram recebidos com

Esculturas Karajá na vitrine do lobby do Hotel JK, Arquivo da Fundação Brasil Central, sem data Cortesia do Arquivo Nacional.

Karajá sculptures displayed in a vitrine in the Hotel JK lobby. Archive of the Brasil Central Foundation, undated. Courtesy of Brazil National Archive.

"Rancho Pioneiro" projetado por Oscar Niemeyer na Ilha de Bananal. Arquivo da Fundação Brasil Central, sem data. Cortesia do Arquivo Nacional.
The "Pioneer Ranch" designed by Oscar Niemeyer on Bananal Island. Courtesy of Brazil National Archive.

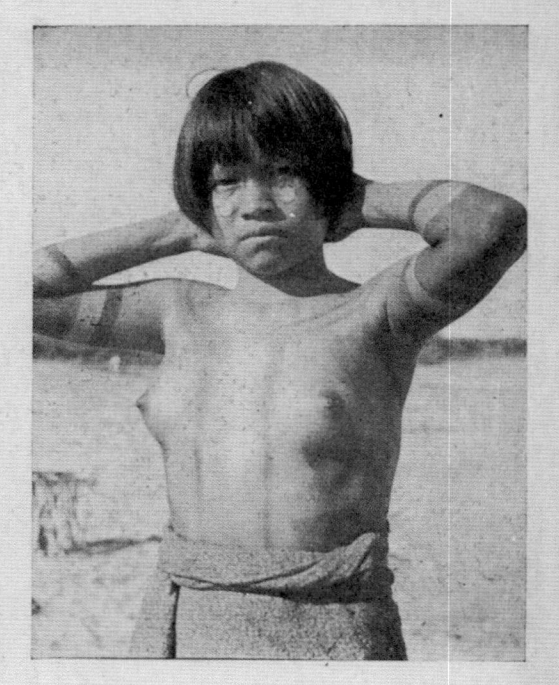

Como se pintam as mulheres

uma exposição de esculturas cerâmicas Karajá, que presumivelmente poderiam adquirir como suvenir de sua experiência na fronteira do interior do Brasil. Desde as janelas do hotel, os Karajá podiam ser observados da mesma maneira que suas imagens apareciam nas páginas de *Habitat*, suspensos entre um olhar moderno e um olhar colonial. O design moderno, em suas múltiplas manifestações — arquitetônica, gráfica, curatorial — funcionava como uma ferramenta para velar, ou apagar, a violência social implicada nesse olhar, fabricando uma experiência moderna do primitivo e do selvagem cujas fundações eram estruturalmente coloniais.

Aparentemente o projeto modernista de Oscar Niemeyer para a colonização da Ilha do Bananal nunca foi publicado nas revistas de arte e design da época, ao menos não em *Habitat*. Existe pouca informação disponível em domínio público sobre o Hotel JK, cujos edifícios hoje se encontram em ruínas. Além de jornais e diários, que frequentemente relatavam as atividades da Operação Bananal, os poucos documentos existentes encontram-se nos arquivos da FBC, que foi responsável por executar o projeto, e em um notável conjunto de dossiês textuais e fotográficos coletados pelas "divisões de segurança e informação" do governo federal. Tais "divisões", também chamadas de "assessorias de segurança e in-

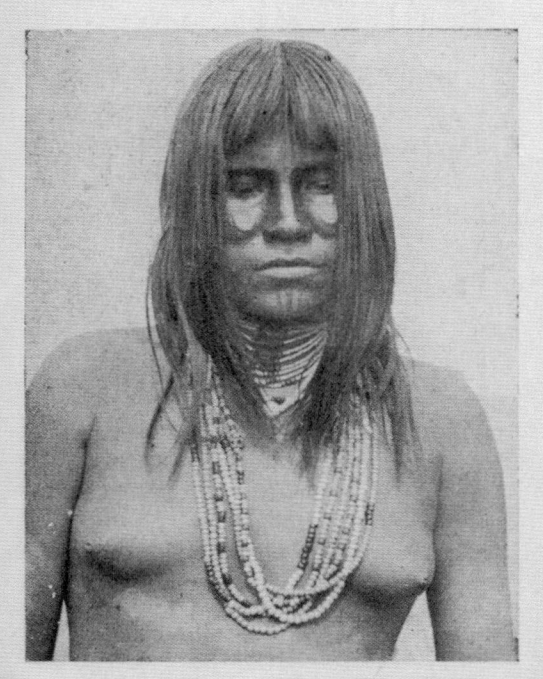

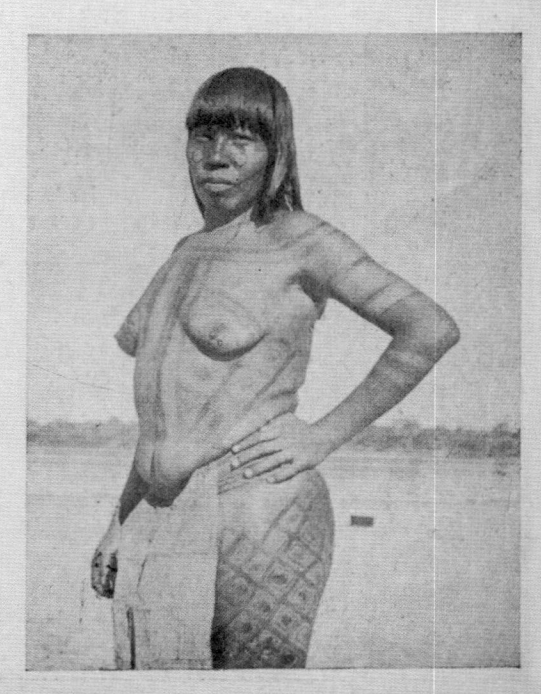

"Ângulo da Fachada do Hotel"

MINISTÉRIO DA JUSTIÇA E NEGÓCIOS INTERIORES

formação", consistiam em células do serviço de segurança nacional que foram instaladas em praticamente todo os órgãos do governo civil. Começaram a ser implementadas em meados dos anos 1940 e existiram até o processo de redemocratização no final dos anos 1980, quando foram desmanteladas e seus arquivos gradualmente abertos ao público. Através desses documentos podemos traçar uma crônica social da breve história do Hotel JK, de sua construção até sua ruína.

Depois que Kubitschek deixou a presidência no início de 1961, os governos posteriores abandonaram os ambiciosos objetivos da Operação Bananal. Um dossiê produzido pela Divisão de Segurança e Informação do Ministério da Justiça mostra que, desde 1961, sob a presidência de Jânio Quadros, a operação havia sido interrompida por uma comissão de inquérito devido à suspeita de desvio de recursos públicos. A maior parte das imagens existentes dos projetos de Oscar Niemeyer foi documentada para essa investigação por uma delegação de peritos que examinou o estado das construções *in situ*.

Nessa época, o hotel, a escola, e o hospital já estavam completos, mas apenas um módulo do "Rancho Pioneiro" havia sido construído, e outros projetos como o mercado, a igreja, o parque, e outras infraestruturas e equipamentos urbanos que não eram parte do complexo do hotel nunca seriam executados.

Com o tempo, o edifício do "Rancho Pioneiro" foi convertido na principal base da FBC na ilha, enquanto o Hotel JK continuou funcionando como complexo turístico até os anos 1970. Por conta da excelente qualidade das pastagens que crescem naturalmente nas planícies da Ilha do Bananal, a região tornou-se um local cobiçado por criadores de gado que adentravam os vales do rio Araguaia. O SPI estimulava essas incursões através do arrendamento de terras indígenas em troca de taxas cobradas de acordo com o tamanho do rebanho e a metragem das cercas. Depois da criação do Parque Nacional do Araguaia e a construção do Hotel JK, a Ilha do Bananal também se tornou um polo turístico no Brasil Central, atraindo várias iniciativas privadas que começaram a explorar a incipiente indústria na região. Ao longo dos anos, os impactos sociais e ecológicos desses processos combinados geraram todo tipo de conflitos com as comunidades Karajá, que passaram então a ser vistas não mais como uma "atração turística", mas como um problema para o funcionamento do Hotel JK.

Em um relatório confidencial produzido pela Divisão de Segurança e Informação da Fundação Nacional do Índio (FUNAI), agência criada pelo regime militar em 1968 para substituir o SPI, o diretor do Parque Nacional do Araguaia relata a tensa atmosfera na Ilha do Bananal, concluindo que, devido à natureza explosiva do conflito, "ou ficam os hotéis, ou os índios". Escrito em 1977, sob a vigilância do aparato de informação e segurança da ditadura militar, o relatório descreve como o estilo de vida afluente do Hotel JK conflitava com as miseráveis condições de vida dos Karajá, que passaram então a abordar os hóspedes pedindo produtos e assistência em apoio às suas comunidades: "Os índios começaram a não mais pedir, mas exigir, apoiados evidentemente por elementos inescrupulosos e agitadores [...] Essas exigências vinham perturbar diretamente as autoridades que aqui chegaram para as suas horas de lazer, formando um ambiente muito tenso entre índios e civilizados".[12]

A ideia de que as ações Karajá eram fomentadas por "elementos inescrupulosos e agitadores" fazia parte de uma percepção comum dentro do aparato de segurança militar-estatal da época, que via a região como um terreno fértil para a formação de uma insurgência rural. No início dos anos 1970, liderado pelo padre e ativista de direitos humanos Pedro Casaldáliga, um forte movimento popular associado à Igreja Católica progressista surgiu na cidade de São Félix do Araguaia, que fica na outra margem do rio em frente a aldeia de Hawaló/Santa Isabel do Morro. Essas mobilizações começaram a denunciar publicamente invasões de terra, expropriações, e remoções de comunidades camponesas e indígenas, fazendo da região um alvo primordial das agências de segurança estatais que constantemente monitoravam as atividades de defensores de direitos humanos e direitos à terra.

A primeira medida para gerenciar o conflito foi "colocar a chefia do parque dentro da área indígena", descreve o relatório, "de maneira que o administrador poderia ficar de cicerone [...] impedindo que os índios penetrassem na área onde se encontrava o Hotel JK e suas adjacências". A medida não surtiu efeito, e logo o relatório conclui com a recomendação de cercar o complexo turístico com um grande muro, "instituindo

Páginas do dossiê investigativo "Operação Bananal", coletado nos arquivos da Divisão de Segurança e Informação do Ministério da Justiça. Cortesia do Arquivo Nacional.
Pages of the "Operation Bananal" investigation dossier collected in the archives of the Ministry of Justice's Division of Security and Information. Courtesy of Brazil National Archive.

uma única entrada, com um serviço de segurança adequado", assim "isolando a área do Hotel JK" e "impedindo a penetração dos índios no local, evitando sérios problemas, muitas vezes insolúveis, entre autoridades e silvícolas".[13]

O mesmo relatório também descreve como as comunidades Karajá viviam sob violentas ameaças de deslocamento forçado por parte de poderosos latifundiários e políticos racistas. "Não há o que sofismar de que existem grandes interesses de uma maneira geral para a eliminação desses índios desta aldeia, porém acredito que será impossível, a não ser que extinga a espécie, o que não acredito".[14]

Um antropólogo que visitou a região várias vezes durante os anos 1960 testemunhou as condições de vida extremamente precárias dos Karajá na época, que tiveram o acesso aos recursos naturais de seu próprio território negados, tornando-se assim cada vez mais dependentes de produtos comerciais externos. Após Bananal transformar-se em Parque Nacional, o gerenciamento dos recursos naturais da ilha foi regulamentado de acordo com códigos ambientais que proibiam os Karajá de praticar atividades tradicionais de subsistência, ainda que a caça e a pesca fossem permitidas para turistas que vinham desfrutar do Hotel JK. Vastas áreas da Ilha do Bananal haviam sido ocupadas por tantas fazendas de gado que as aldeias Karajá estavam agora literalmente confinadas por cercas de arame farpado. "Não há recursos para cercar o pasto. A única solução, mais barata, é cercar a aldeia, dando a ela um ar de campo de confinamento projetado para manter os Karajá dentro e o gado fora. A cerca também serve como barreira visível entre os índios e os brasileiros locais, e simboliza a tendência do SPI a tratar os índios como criações exóticas".[15]

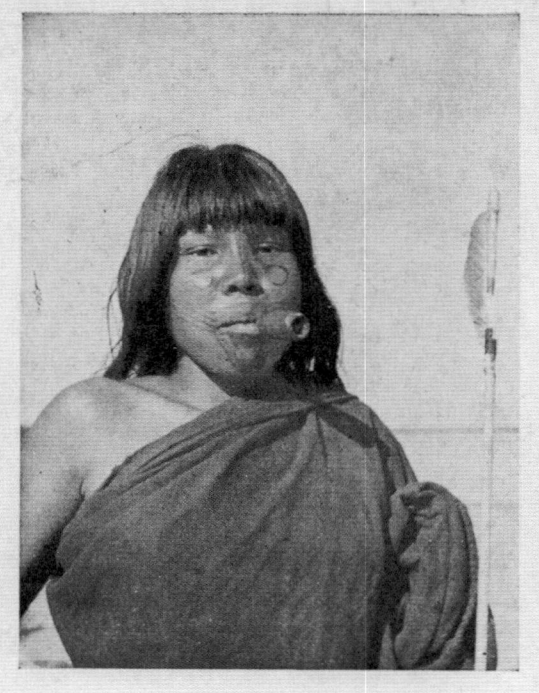

As imagens das artes e artesanatos do povo Karajá publicadas em *Habitat* são representativas de um impulso preservacionista paradoxal, tipicamente moderno, de coletar e arquivar o "patrimônio" de populações indígenas no momento que suas terras estavam sendo rapidamente usurpadas e seus modos de vida estavam severamente ameaçados pelas forças da modernização. Em 1957, um ano depois da publicação dos ensaios fotográficos de Mário Baldi em *Habitat*, o antropólogo Darcy Ribeiro publicou um relatório chocante demonstrando que a maioria das nações indígenas conhecidas no Brasil no início de 1900 estava à beira da total desintegração social e cultural devido à violência do contato colonial. Em menos de sessenta anos, a população nativa do Brasil havia sido reduzida em mais de 80%, e muitos grupos que haviam sobrevivido encontravam-se em condições extremamente precárias. Os Karajá estavam entre os mais afetados. Em 1948, sua população era estimada em mais de quatro mil pessoas, substancialmente menor do que a estimativa anterior ao contato colonial. No final dos anos 1950, haviam sido reduzidos para apenas mil indivíduos, uma queda dramática de cerca de 75% em menos de uma década.

Observando cuidadosamente as imagens de *Habitat*, mas principalmente aquilo que elas não mostram, percebemos que são *close-ups* de um dos mais dramáticos períodos na história do povo que retratam, registradas em uma época em que a população Karajá havia atingido uma redução demográfica histórica. São imagens que não dizem nada sobre o "primitivo" e sua arte, mas revelam muito sobre a violência colonial inerente aos modernos. Fora do enquadramento, vemos episódios de des-possessão, des-territorialização, des-habitat.

ETNOLOGIA

da luta.

Assim como as comunidades Karajá, *Habitat* e outras publicações progressistas da época também foram vítimas do regime opressor que tomou o poder no Brasil após o golpe militar de março de 1964. No início de 1965, a redação da revista *Módulo* foi invadida e destruída, e seu editor-chefe, o arquiteto Oscar Niemeyer, assim como muitos intelectuais e artistas comprometidos com os ideais sociais do modernismo, tiveram que procurar asilo político fora do Brasil. *Habitat* publicou sua última edição em julho daquele ano. Lina Bo Bardi também foi perseguida pelo governo militar em diferentes ocasiões. Em 1970, um mandado foi expedido para sua prisão preventiva por suspeita de atividades subversivas, forçando-a ao exílio por um ano até que a diretiva fosse revogada.

Com a publicação do relatório final da Comissão Nacional da Verdade em 2014, agora também sabemos que juntamente com líderes sindicais, estudantes, intelectuais, artistas, e ativistas associados à esquerda, os povos indígenas foram um dos grupos mais afetados, se não o mais afetado, pela repressão de estado durante os vinte anos de ditadura no Brasil. Sob o comando do governo militar, o projeto de "ocupar, integrar e colonizar" a fronteira ocidental foi ampliado exponencialmente através de projetos de grande escala que foram implantados em toda a bacia amazônica, desencadeando um dos processos de modernização territorial mais socialmente e ambientalmente destrutivos do século XX. As consequências desse projeto foram desastrosas para as populações indígenas que vivem nessas áreas. Estimativas mais conservadoras consideram que mais de oito mil indígenas foram assassinados ou desapareceram como consequência direta do que a Comissão Nacional da Verdade descreve como uma "política de apagamento". "Para liberar terras para colonização e a construção de projetos de infraestrutura", as leis e políticas estaduais "levaram não apenas a tentativas formais de negar a existência de certos povos indígenas em determinadas regiões", conclui o relatório, "mas também meios para tornar este apagamento uma realidade".[16]

Ainda assim, contra todas as dificuldades e probabilidades, a resistência ancestral do povo Karajá prevaleceu. Ao final dos anos 1970, os Karajá haviam recuperado uma grande parte de seu território originário junto ao Parque Nacional

Still do documentário Arara de Jesco von Puttkamer documentando a cerimônia de formatura do primeiro esquadrão da "Guarda Indígena Rural" (GRIN) em 05 de fevereiro de 1970 nos Batalhão-Escola Voluntários da Pátria. Os graduados em GRIN realizam a técnica de tortura "Pau de Arara."

Still frame of the documentary Arara by Jesco von Puttkamer documenting the graduation ceremony of the first squad of the "Rural Indigenous Guard" (GRIN) on 05 February 1970 in the Battalion-School Volunteers of the Homeland in Belo Horizonte. GRIN graduates perform the torture technique "Pau de Arara" ["macaw's perch"].

do Araguaia, e o Hotel JK já não estava mais em operação. Suas mobílias e utensílios modernos foram "pilhados" e levados para as aldeias, enquanto as estruturas dos edifícios foram abandonadas e começaram a ruir. Quando a FAB e companhias de turismo tentaram reativar o complexo arquitetônico do hotel no início dos anos 1980, as lideranças Karajá, com a ajuda de defensores de direitos humanos e movimentos sociais, engajaram-se em uma série de ações públicas para barrar esses projetos e demandar que seus direitos territoriais fossem reconhecidos e protegidos de maneira integral. Algumas das publicações de advocacia produzidas na época foram coletadas pela Divisão de Segurança e Informação da FUNAI, que monitorava o conflito de perto. A pauta política dos Karajá requisitava que "pessoas e grupos que exercessem atividades econômicas deixassem a ilha", criticando o que se referiam como "turismo desagregador", e demandando que Bananal "deveria ser uma terra livre e contínua, como nosso habitat imemorial".[17]

O POVO KARAJÁ

Que Povo é esse que anda pelas últimas ruas das cidades que os invasores construíram sobre suas terras ?

Que foi convertido em condutor dos barcos dos seus próprios inimigos ?

Que foi feito guia dos turistas em férias ?

Que trabalha como peão dos usurpadores da terra que é sua ?

Que é vendido diariamente como símbolo bancário ?

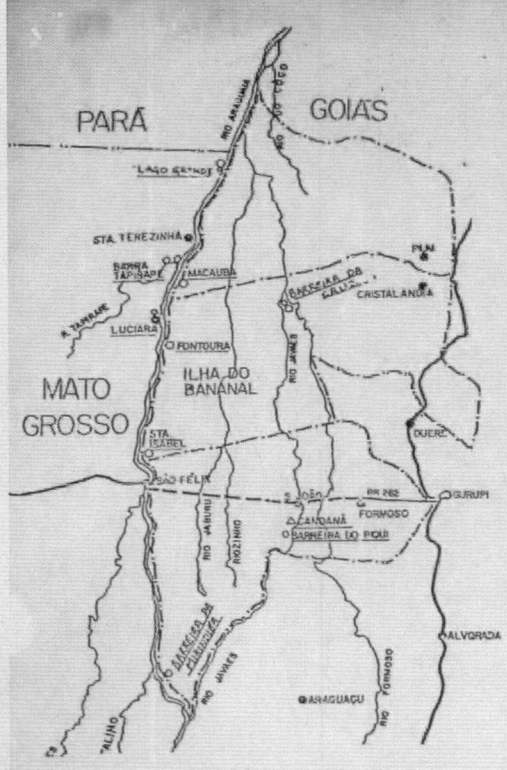

A ILHA DO BANANAL é a maior ilha fluvial do mundo. Formada pelo Rio Araguaia que, na altura do paralelo 13 se abre num braço menor - o Javaés - no limite dos estados de Goiás e Mato Grosso.

É a maior reserva ecológica do Brasil Central, área de reprodução de inúmeras espécies animais, sobretudo pássaros.

A Ilha está dividida em duas áreas administrativas. A Reserva Florestal, ao norte, administrada pelo IBDF e a área sul, onde se situa o Parque Indígena do Araguaia, sob o controle da FUNAI. Há ainda o campo de pouso da FAB, em Santa Isabel do Morro e o Hotel JK, local de exploração turística.

Os KARAJÁ, JAVAÉ e XAMBIOÁ são um Povo de artesãos e pescadores. Percorrem em pequenos grupos as terras ao longo do Araguaia, desde Aruanã até Xambioá. O maior número se concentra na ILHA DO BANANAL, seu último refúgio.

É o heróico sobrevivente dos massacres, das epidemias, da cachaça, da prostituição, essas armas dos civilizadores de ontem e de hoje. Cercados por todos os lados por fazendeiros, criadores, comerciantes, caçadores de peles, caçadores de gente, turistas, este Povo resiste ao lado do Araguaia, como quem se agarra à última fonte da vida.

Os primeiros sinais KARAJÁ estão nas cerâmicas de 12 mil anos encontradas no vale do Rio Vermelho. Aí eles viveram até a chegada do colonizador. Desde o século XVIII, a ponta de lança dos bandeirantes alcançou o território KARAJÁ. Situados no centro do país e recusando-se a fugir do seu BEROKÁ foram cercados pelos civilizadores: em 1910 eles eram 10.000. Em 1948, quatro mil apenas. Trinta anos depois, são 1.500. Para eles não há dúvidas, a civilização chegou.

A ILHA HOJE

A ILHA DO BANANAL já foi o paraíso dos KARAJÁ, hoje é o paraíso do Boi. Contra o Estatuto do Índio, a FUNAI arrenda as terras da ILHA aos grandes latifundiários da região e aos 14 mil sertanejos que hoje moram dentro do Parque Indígena.

A ILHA é uma terra ameaçada.

- Pelas 150 mil reses que passam por ela anualmente;

- Pelos caçadores profissionais que exterminam a fauna e utilizam os próprios índios como instrumentos de destruição;

- Pela irresponsabilidade do turismo depredador;

- Pela estrada que ameaça atravessar o Parque Indígena com sua esteira de mutilações, misérias, epidemias e desintegração;

- Pelo apetite dos grandes arrendatários que querem transformá-la num imenso campo de pastagem.

- Pela destruição de suas matas que dão lugar a uma população sertaneja cada vez maior;

- Pela reabertura do Hotel JK, que levará para dentro das aldeias a cachaça e a prostituição;

- Pela completa insegurança dos sertanejos que não têm direito sequer à casa que construíram;

- Pelo campo de pouso explorado pela FAB e pela VOTEC, que converte os índios em serviçais dos viajantes.

O POVO KARAJÁ EXIGE

- A ILHA DO BANANAL CONTINUA E LIVRE COMO SEU HABITAT IMEMORIAL;

- A PRESERVAÇÃO DA FAUNA E FLORA DA ILHA COMO ÚNICA CONDIÇÃO DE ASSEGURAR A SUA SOBREVIVÊNCIA NO FUTURO;

- QUE A FUNAI RESPEITE E FAÇA CUMPRIR O ESTATUTO DO ÍNDIO E RETIRE TODAS AS PESSOAS E GRUPOS QUE EXERCEM ATIVIDADE ECONÔMICA DENTRO DO TERRITÓRIO DO PARQUE INDÍGENA;

OS SERTANEJOS DA ILHA EXIGEM

- TERRAS FORA DA ILHA PARA VIVER E TRABALHAR;

- REASSENTAMENTO NAS ÁREAS LIVRES MAIS PRÓXIMAS DA ILHA;

A CONSCIÊNCIA NACIONAL EXIGE

- UMA SOLUÇÃO URGENTE QUE RESPONDA COM JUSTIÇA OS DIREITOS DOS ÍNDIOS E SERTANEJOS DA ILHA.

FORA DA ILHA O TURISMO DESAGREGADOR

FORA DA ILHA A ESTRADA GENOCIDA

FORA DA ILHA O GADO DO LATIFÚNDIO

DEVOLVAM A PÁTRIA DOS KARAJÁ

WATAÚ KARAJÁ

Panfleto da campanha de advocacia realizada pelos Karajá em 1980, encontrado no arquivo da Divisão de Segurança e Informações, Ministério do Interior (DSI–MINTER), informe sobre "Debate com Dom Pedro Casaldáliga, Comissão Pró-Ilha do Bananal em Brasília–DF", Confidencial, 20 de Julho de 1980.

A leaflet from the Karajá advocacy campaign in 1980, found in the archive of the Division of Security and Information, Ministry of Interior (DSI–MINTER), report on the "Debate with Dom Pedro Casaldáliga, Pro-Bananal Commission in Brasília–DF," Confidential, July 20, 1980.

Ruínas do Hotel JK na Ilha do Bananal. Foto de Paulo Tavares, 2017.
Ruins of Hotel JK in Bananal Island. Photo by Paulo Tavares, 2017.

Em 1988, depois da transição "lenta, gradual e segura" ao governo civil comandada pelos últimos governos militares, a nova constituição reconheceu direitos territoriais indígenas. Pouco tempo depois, o Hotel JK foi quase completamente destruído por um grande incêndio, deixando uma paisagem de ruínas que logo foi tomada por gramas selvagens, arbustos, palmeiras e árvores. As comunidades Karajá retornaram para a área e apropriaram-se das estruturas remanescentes do Hotel JK para construir suas tradicionais casas de sapé. Mesmo com as dificuldades enfrentadas hoje pelos Karajá devido aos impactos de séculos de violência, é impossível não enxergar na Ilha do Bananal uma "paisagem decolonial", um espaço de resistência simbólica e cotidiana onde estruturas de poder e subjugação foram re-tomadas, re-funcionalizadas, e re-significadas para forjar novos meios de *habitat*.

1. Habitat n.7, p. 61.

2. Habitat n.1, p. 66-67; Habitat n.7, p. 65.

3. Habitat n.7, n.21 e n.48.

4. Revista Oeste, ano II, No. 11, 1943, p. 434-435.

5. Legal decree No 5878, which institutes de Central Brazil Foundation, Article 01, 04 October 1943.

6. Memória Descritiva do Plano Piloto, 1957.

7. Habitat n.7, p. 62.

8. MASP press release "Exhibition on Indigenous Art", 1949. MASP Archive.

9. Habitat n.34, 1956, p. 24

10. Juscelino Kubitschek, *Porque construí Brasília*, Senado Federal: Conselho Editorial, 2000.

11. Divisão de Segurança e Informações do Ministério da Justiça (DSI/MJ). Comissão de Sindicância da Superintendência do Plano de Valorização Econômica da Amazônia (SPVEA), Fundação Brasil Central – Dossiêr Operação Bananal, 1961, p. 64. (Acervo do Arquivo Nacional, Rio de Janeiro.)

12. Assessoria de Segurança e Informação da Fundação Nacional do Índio (ASI/FUNAI), "Dossiê referente à administração do parque indígena do araguaia na Ilha do Bananal e as questões sobre a demarcação da área indígena dos tapirapé, infrações, situação de dependência alcoólica dos índios", Ministério do Interior, Fundação Nacional do Índio - FUNAI, Memo No. (sem identificação), Confidencial, Brasília, 20 de Dezembro de 1977.

13. ibidem

14. ibidem

15. Christopher J. Tavener, *Introduction to the Karajá and the Brazilian Frontier*, in: Daniel R. Gross (ed), "Peoples and Cultures of Native South America", The American Museum of Natural History, 1973.

16. Comissão Nacional da Verdade, *Relatório Final*, 2014, pg 223.

17. Divisão de Segurança e Informações, Ministério do Interior (DSI/MINTER), informe sobre "Debate com Dom Pedro Casaldáliga, Comissão Pró-Ilha do Bananal em Brasília - DF", Confidencial, 20 de Julho de 1980.

Des-Habitat

Created in 1950 by Italo-Brazilian architect Lina Bo Bardi, the arts and architecture magazine *Habitat – revista das artes no Brasil* [magazine of the arts in Brazil] was one of the most important vehicles by which modernism was debated and disseminated in Brazil after the Second World War. *Habitat* was part of a larger project gestated at the São Paulo Museum of Art (MASP) under the guidance of curator Pietro Maria Bardi, Bo Bardi's collaborator and partner and the founding director of the museum, which opened in 1947. In its heroic years MASP pioneered a unique pedagogic program, establishing a series of outreach initiatives with the aim of forming a public constituency around modern art, architecture, and design. In addition to showing the work of renowned European modernists, such as architect Le Corbusier and designer Max Bill, these initiatives, in which Lina Bo Bardi was involved in various ways, included the realization of so-called "didactic exhibitions" on art history; the creation of the Institute of Contemporary Art, a Bauhaus-inspired design school; and *Habitat*, its own printed medium, published until 1965.

Similar to other architecture and art magazines that flourished at that time in Brazil, for example *Módulo* created by architect Oscar Niemeyer in 1955, *Habitat* not only propagated images of modern art and design, but also images of folk and Indigenous arts and crafts, introducing its audience, the urban elites of São Paulo, Rio de Janeiro, and Salvador, to the vocabulary of modernism and vernacular and native forms of cultural expression at the same time. In this respect *Habitat* was particularly remarkable. Starting with its first issue, which contained a two page visual vignette on the "Indian designer" and the "Indian stylist," the magazine featured several articles on Indigenous arts and crafts over its fifteen years of publication. Images of Amerindian ceramics, ornaments, paintings, and textiles were placed beside a constellation of images of contemporary art, architecture, and design, performing a pivotal function in defining the modern sensibility that *Habitat* sought to impress upon its public-in-the-making.

It is also remarkable how *Habitat*, especially in its early years under Lina Bo Bardi's direction, employed a militant, professorial tone to explain the aesthetic role of these images in its pages. "To the unprepared reader we warn that this sort of art, absolutely primitive, presents an analogy to the latest tendencies of an art that is inspired by primary manifestations," reads the introductory text to the ceramic work of the Karajá people published in *Habitat* 7, 1952. "The major source of inspiration for much of contemporary art, after the influence exerted by black art, comes from Aztec, Mayan, and Inca art, and now the discovery of Marajoara art. While our diligent local painters cast their lines in the waters of a thirty years-old abstractionism, the great painters of Paris come to fish in our rivers. And certainly they don't do so firsthand, but through often arbitrary reproductions and drawings of *our primitive art*."[1]

The articulation between the Indigenous and the modern was didactically conveyed through the captions and texts that accompanied the images, explaining to readers how Indigenous drawings were comparable to the work of the "most sophisticated contemporary painter," their ornaments with the designs of a "European stylist," their ceramics aesthetically equivalent to avant-garde sculptures: "It is surprising to discover, at the banks of the Araguaia River, a group of highly differentiated ceramists in constant evolution, Picassos in thongs, silently modeling their anonymous oeuvre."[2] Furthermore, the magazine's constructivist graphic design often displayed images in such a way as to emphasize this articulation on the visual plane, establishing semantic links between the modern and the Indigenous through associations between images and texts across its pages. This procedure is most clearly present in the magazine's color covers, where geometric shapes and solid color shades are associated with photographic collages in order to communicate specific messages. Images of Indigenous objects or bodies were featured on at least three *Habitat* covers, always superimposed on some form of expression of modern design, architecture, or painting.[3]

To be modern, *Habitat* didactically communicates, is to be connected both to the language of modernism as well as to folk, Indigenous, "primitive" forms of art. Whereas this ethnographic gaze can be identified with Lina Bo Bardi's singular ethos and sensibility to popular culture — a sensibility that she masterfully developed in her short-lived tenure (1950-54) but lasting influence at *Habitat,* as well as through many of her curatorial and architecture projects — it also must be placed within a much broader context. Figurations of the primitive, the Indigenous and the wild played a central role in the shaping of the modern movement in Brazil, and for that matter of modernism *tout court*. Unlike the European context, where the avant-garde sought a radical break from past and tradition, the encounter of Brazilian modernists with the primitive was associated with the fabrication of a sense of national culture and identity. Hence the idea of "*our* primitive art." Images of Indigenous objects were framed by *Habitat* under this codification, serving as references to a particular type of modern language which, despite its affiliation to internationalism, was grounded in vernacular and native forms of expression, the aesthetic resources of an authentic national-modern culture.

By virtue of its design and language, *Habitat* framed the images of Indigenous bodies, arts, and crafts as though they were on display in a space between the ethnographic museum and the museum of modern art, objects detached from their social and territorial milieu, which should be contemplated as autonomous works of art. Such framing similarly bracketed out the social processes by which these images were produced. The important question they ask is far from anything related to the "ethnographic art" they exhibit; it instead concerns that which is outside the frame. For what was the historical and social context that allowed such images of Indigenous objects to be produced, reproduced, and circulated in sophisticated mass media publications as formal references to the "new language"?

After the "Revolution of 1930," which initiated Getúlio Vargas's fifteen-year rule, the Brazilian state embarked on aggressive project of territorial colonization. Through the Vargas government and the ideology it propagated, the myth of frontier expansion, an ideological construct related to settler colonialism in North America, was translated into a modern, and to a large extent modernist, myth of Brazilian national formation and identity. "The true meaning of being Brazilian is the march to the West," Vargas stated.[4] Unlike the northern version, the tropical adaptation of the narrative was not as much centered on the movement of independent families of farmers that settled on the open lands of the western frontier, but on a particular phenomenon in Brazil's colonial history, the *bandeiras* movement.

Notorious for their violence, the *bandeiras* emerged in the late sixteenth century as paramilitary territorial incursions with the objective of searching for minerals and capturing Indigenous populations to be traded as slaves. They were commanded by European descendants, mainly from the region of São Paulo, and involved several hundreds, sometimes thousands of men, the vast majority of whom were captive Indians and blacks. The *bandeiras* were responsible for waging war on native groups and free communities of fugitive slaves, opening the routes to the gold-rich interiors of central Brazil, and thereby expanding the territorial sovereignty and wealth of the Portuguese Colonial Empire. In the official version of Brazilian national history they came to assume a heroic, mythical status, a legacy that in large part can be attributed to the Vargas era and the strategic investment his government made in the narrative of the frontier through various means of political propaganda and cultural production, including the arts and architecture.

At that time the characterization of the colonial *bandeiras* as a singular experience in national formation and its association with Brazil's modernization process also became influential ideas among intellectuals, artists, and agitators affiliated with the modern movement, particularly in São Paulo, where the *bandeiras* movement originally appeared. Such themes were especially significant to groups who embraced hardline nationalistic views of culture and politics, some of whom aligned with the authoritarian ideals of fascism and its modernist aesthetics. Not only did they share the vision that modernization was associated with the "conquest of the West," but the imaginaries of national modernity they espoused also came to provide the ideological legitimacy for this project to be realized on the ground. This is most explicit in the work and career of poet Cassiano Ricardo, a pioneering modernist who assumed a leading position in the state propaganda and information agency implemented by the Vargas regime, notably in his 1940 book *March to the West: The Influence of the Bandeira in the Social and Political Formation of Brazil*.

In the field of architecture and design, the connection between Brazil's modernity and its colonial past was established by way of characterizing colonial architecture, or what architect and urbanist Lúcio Costa called "Luso-Brazilian architecture," as the primary reference to the national-modern language. By "Luso-Brazilian" Costa meant the architecture of colonial cities, towns, religious missions, farms, and plantations of the seventeenth and eighteenth centuries, and more specifically the architecture of the colonial mining towns of Minas Gerais in inland Brazil. As a result of *bandeiras* incursions and the discovery of large gold deposits, throughout the eighteenth century Minas Gerais became the colony's economic epicenter, experiencing a process of rapid urbanization and the development of a unique Baroque style. It was here, deep in Brazil's inland territory, at the frontiers of colonial empire, that a more authentic, more "primitive" form of architecture was preserved, without the mannerisms of the metropolitan centers, and as such even more connected to the aesthetic truth of the national-modern.

Within this framework the colonial was not seen as something that should be opposed by an independent form of national-modern art. On the contrary, it was seen as the very source of its singularity. This narrative was consecrated in the exhibition *Brazil Builds: Architecture New and Old, 1652–1942* held at MoMA in 1943, which launched a young generation of modern Brazilian architects to international acclaim. Organized in the context of a series of cultural initiatives deployed by the United States to expand its geopolitical influence in Latin America, and counting on the direct involvement of the D.I.P. - Department of Press and Propaganda, the Vargas regime's state information and propaganda agency, the MoMA exhibition dedicated a large space to the survey of colonial architecture, corroborating the narrative that the originality of Brazilian modernism derived from its affiliation with the "colonial tradition."

The valorization of the colonial as a reference to modernism in architecture served as yet another ideological piece in the construction of a narrative that associated national modernization with the colonization of the inner territory. Apart from promoting this narrative in cultural and political discourse, the Vargas government, which embraced modernism as its own image, made frontier expansion one of the central tenets of its centralized politics of national modernization. This was operationalized through policies and projects deployed under the government program known as the "March to the West," which prompted a series of expeditions with the aim of establishing infrastructures, outposts and towns across the "unexplored" inner territories of Brazil. In 1943, at the height of World War II, Vargas created the state agency Fundação Brasil Central [Central Brazil Foundation, FBC] with the objective of "exploring and colonizing the zones of the upper Araguaia and Xingu Rivers, as well as Central and Western Brazil."[5] The FBC was tasked with penetrating Indigenous territories still inaccessible to the State, opening up vast tracts of land for colonization in subsequent decades. Vargas also promoted the mass migration of poor landless peasants to the Amazon for a U.S.-financed rubber extraction program during the war, among various other incentives to stimulate colonial settlement in what was then called "the demographic voids" of Brazil's inner lands.

This frontier ideology was re-appropriated and refashioned by practically every subsequent government in Brazil, democratic and authoritarian, civilian and military. The "conquest of the West" became a state project, inasmuch as its appeal to nationalism, progress, and modernity served as an ideological legitimation to state power and its actions on the ground. President Juscelino Kubitschek, whom history remembers as the builder of the modernist national capital Brasília, mobilized the image of the *bandeiras* as a central element of his government, shaping his own presidential persona as that of a modern frontiersman. By the late 1950s, under his democratically elected government, the colonization of Brazil's western frontier was being pursued through ambitious projects of infrastructure and regional modernization that extended towards the Amazon basin.

Because of the magnitude of the construction and its symbolic power, the new capital was the most expressive project of Kubitschek's *bandeirista* politics. Strategically placed at the center of the national territory, Brasília is in essence a colonial city, and consciously so. Lúcio Costa, the author of the urban masterplan, attributed Brasília's origins to "a deliberate act of possession, a gesture similar to that of explorers, in the mode of the colonial tradition." This is the conceptual foundation of the city's urban design, which follows the outline of a cross and not a 'modern airplane' as many came to interpret it. As Costa himself puts it, "It was born out of the primary gesture of one who marks or takes possession of a place – two axes crossing at a right angle, the very sign of the cross."[6]

Needless to say, the Brazilian interior was not a "demographic void" as modern state ideology propagated, but a highly diverse social territory inhabited by a myriad of Indigenous nations and cultures. In order to accomplish the project of conquest and colonization in the western frontier, the Brazilian State had to come up with a solution for these people whose lands it aimed at occupying and exploiting. To this end, the State employed an agency exclusively dedicated to governing Indigenous affairs called Indian Protection Service, or SPI.

The SPI was responsible for executing what was then officially known as the "pacification" of Indigenous groups who inhabited areas of frontier expansion or designated to development projects. Established in 1910 and originally titled SPILTN—which includes the additional phrase "and Localization of the National Worker"—the SPI's ideology and practice was pacifist, integrationist, and expansionist, aimed at transforming Indigenous populations into national citizens while at the same time opening up their lands for colonization. The agency adapted forms of territorial and social control developed by colonial administrators and missionaries, employing a strategy similar to the *descimentos* or *reducciones*. This consisted of displacing and concentrating communities in centralized villages, thereby containing their movements and depopulating vast territories in order to appropriate their lands.

By the 1950s – when *Habitat* was published and Brasília was built – the SPI controlled over one hundred outposts scattered across the Brazilian territory, forming a geographical network organized according to stages of acculturation among native groups: "frontier posts," "posts of attraction," "posts of medical treatment and alphabetization," "posts of nationalization." Initially serving as "advanced bases" where Indigenous groups were coerced to move, these encampments gradually developed into agricultural colonies governed by SPI officers, where Indigenous communities were indoctrinated into the habits of western civilization, rural labor, and the ideologies of nationalism.

The activities of the SPI were extensively documented in texts, photos, and films, especially after the creation of the Research Section in 1942, an associated bureau dedicated to registering the culture of Indigenous groups that were being "pacified" by the agency. Led by anthropologist Darcy Ribeiro, a key figure in this modern generation, and counting on contributions from pioneering modern filmmakers, photographers, and ethnographers, the Research Section was responsible for producing an impressive audio-visual archive as well as "collecting" an equally remarkable quantity of Indigenous arts and crafts that would later acquire the status of a museum, the Museum of the Indian, now based in Rio de Janeiro.

The images and imaginaries of the Indigenous, the primitive, and the wild that informed the modern movements in metropolitan areas were furnished by the circulation of photos, films, and artifacts captured and collected during the pacification missions conducted by the SPI, as well as a series of other exploratory incursions carried out by the FBC and several other state and private enterprises that penetrated the Brazilian hinterlands with increasing frequency throughout the twentieth century. Moreover, in the 1940s and 1950s these territorial incursions became connected to burgeoning practices of modern photojournalism, whose images were disseminated not only in popular illustrated magazines, but also in specialized design publications such as *Habitat*.

Habitat conveyed a very singular sensibility, in many aspects detached—and at times dissident—from the colonial narrative that underlined the modernization projects of the Brazilian State. In its valorization of the folk, the Indigenous and the primitive, the magazine's editorial perspective embraced the national-modern, but approached these subjects from a particular point of view, adopting a unique, powerful "ethnographic gaze" that was oblivious to – or deliberately excluded – the colonial from the frame.

Other mass media publications contemporaries of *Habitat*, foremost *O Cruzeiro*, at that time the most popular illustrated magazine in Brazil, also frequently featured reportages on Indigenous peoples, sometimes employing the same reporters and photographers who contributed to *Habitat*. But unlike *Habitat*, which focused its narrative on the aesthetic value of "ethnographic art" to modernism, *O Cruzeiro* focused on the colonial dimension of the pacification missions and exploratory incursions conducted by the SPI and the FBC, celebrating them as modern *bandeiras* shaping the nation anew. Published by the media empire owned by tycoon Assis Chateaubriand, who was also the main patron behind MASP (the São Paulo Museum of Art), *O Cruzeiro* was part of the same ecology of media production and consumption as *Habitat*, though they occupied different spaces and sensibilities. Observed in juxtaposition, they can be seen as complementary images of modernity, the former documenting what the latter left out of the frame.

The photographs of Indigenous arts and crafts that appeared in *Habitat* were collected and recorded through the geographic network of posts and bases of the SPI and the FBC, but none of that context was expressed in its pages, appearing only contingently. *Habitat*'s unique commitment to the folk and the Indigenous somehow ended up functioning to overshadow the colonial violence implicated in the social process, which allowed such images to appear in its pages as aesthetic references to the modern language.

The Karajá people, an Indigenous nation that has inhabited the banks of the Araguaia River in central Brazil from time immemorial, was one of the groups most prominently featured in the pages of *Habitat*, appearing in a number of issues throughout the existence of the magazine. Not only was their sculptural ceramic work easily comparable to modern art, thus serving as an excellent "pedagogic device" to demonstrate the aesthetic value of the primitive, but by that time it was also easy to get access to these objects and images of them.

Contact between the Karajá and colonial society began early on, the first records being attributed to Jesuit missionaries in the mid-seventeenth century. Throughout the following decades consecutive *bandeiras* penetrated the valleys of the Araguaia River, opening Karajá territory up to a wave of exploratory incursions and colonizing fronts that followed the discovery of gold in the Brazilian hinterlands. As the region became central to the colonial economy, by the late eighteenth century the government had implanted several *aldeamentos de índios* – military facilities designed to concentrate and imprison Indigenous populations – along the upper Araguaia in order to "pacify" the area.

With the depletion of the mines and the subsequent decline of the regional economy, the *aldeamentos* were abandoned and much of the nineteenth century was a period of relative tranquility for the Karajá and other Indigenous groups living along the Araguaia River valleys, when there was only intermittent contact with colonial fronts. This situation changed dramatically from the 1930s on with implementation of the program "March to the West" by the Vargas regime, triggering a series of incursions, state interventions, and colonization projects in Karajá territory that lasted for decades.

The SPI installed the first post in Karajá land in 1930 on the west banks of Bananal Island, a giant fluvial island formed in between the Araguaia and the Javaé Rivers that lies in the heart of Karajá ancestral territory. After the creation of the FBC in 1943, Bananal became one of the main transport hubs for the agency's territorial incursions in the Amazon. The Brazilian Air Force established a base next to the Karajá village of Hawaló, also known as Santa Isabel do Morro, while the SPI opened two more outposts in other parts of the island. At this time Getúlio Vargas visited Bananal and met with Karajá leaders in order to promote the image of his government as a modernizing and integrationist frontier movement.

The new territorial network of "Indigenous posts," "advanced bases," roads, landing strips, and frontier towns that was being implanted by the FBC and the SPI across central Brazil opened up Indigenous lands not only for the appropriation and exploitation of their natural resources, but also to another form of colonial extraction that operated on the level of images and representations. This infrastructure gave unprecedented access to Indigenous territories to numerous ethnographers, filmmakers, photographers, and journalists who often collaborated with the FBC and the SPI or went on documentary expeditions commissioned by major media outlets such as the magazines *O Cruzeiro* and *A Noite Illustrada*. As transportation to Bananal Island became relatively easy, while the Karajá territory still retained the aura of what modern society imagined to be a wild, untouched native territory, between the 1930s and 1950s this region became one of the most symbolic landscapes of the "conquest of the West," featured in a variety of media such as newspapers, weekly magazines, books, documentaries, and fictional film. The Karajá territory became a highly mediatized space where images of nature, the primitive, and national identity were produced, disseminated and manipulated as they were incorporated into the circuits of modern media consumption in Brazil's urban centers.

The Karajá first appeared in *Habitat* in issue no. 7, published in 1952, which dedicated several pages to their ceramic work. From the introductory text we learn that the impressive set of sculptures presented in the reportage, depicted in beautiful black-and-white studio photographs, had been recently integrated into the collection of the São Paulo Museum of Art (MASP). Aside from this and recurrent comparisons to "Picassos" and "Matisses," we learn little else about the history of these objects and how they came to appear in the pages of *Habitat*, except for the fact that they arrived at MASP through the networks of the SPI: "When the São Paulo Museum of Art realized the exhibition, with the collaboration of the Indian Service, a large part of the public was amazed by the works presented […]"[7]

In 1949, two years after MASP was founded, Pietro Bardi organized an exhibition on Indigenous art as part of the museum's expanded "pedagogic program" that included several Karajá sculptures borrowed from public and private collections. Given the long history of contact with colonial society, the arts and crafts made by the Karajá were present in major ethnographic collections in Brazil and Europe, but were probably never before exhibited in an institution dedicated to contemporary art, nor in such a way as to be interpreted as references to modern aesthetics. "The exhibition on Indigenous art has special meaning for the Museum" – reads MASP's official press of 1949 – "because it falls within the scope of the program to enlighten the public on the various influences that shape the physiognomy of Indigenous art. It is well known that artists such as Picasso, Liupchitz and others, studying primitive art, have made a definitive contribution to modern art. In the didactic exposition on the *History of Abstractionist Ideas* we were also able to precisely observe the parallels between the artistic expression of the primitive and that of the contemporary artist."[8] This was probably the first time that Indigenous art was shown at MASP and incorporated into its collection, at the time a radical curatorial gesture which, not without its own contradictions, was extended to the pages of *Habitat*.

In 1956 *Habitat* published long visual essays about the Karajá in three issues, no. 33, 34, and 37, all of them authored by Austrian photographer Mario Baldi. Though the aesthetic quality of Baldi's work is debatable, he is considered a pioneering figure in the development of modern photojournalism in Brazil, chiefly because of the photographic series he made of Indigenous peoples living in the Araguaia River basin. Starting in the early 1930s, Baldi visited the Salesian Missions in central Brazil and joined several SPI expeditions. He photographed the Bororo people in the same period that anthropologist Levi Strauss studied the region and traveled to Karajá territory on different occasions. Baldi collaborated with several European and Brazilian news outlets, especially the magazine *A Noite Illustrada*, where he published various reportages based on these expeditions. He is also credited with having created one of the first photo press agencies in Brazil along with German photographer Harald Schultz, who became one of the main filmmakers at the SPI Research Section.

Baldi's visual essays in *Habitat* focused on aspects of the material and ritual culture of the Karajá such as their ceramics, traditional ceremonies, dances, and body paintings. The tone is that of amateur ethnography, at times like a nineteenth-century explorer's travelogue. The Karajá are depicted as an insular cultural entity, painting the image of a tropical landscape of primitiveness that corresponded well to the modern discourse fostered by *Habitat*. In the articles published in other media, some of which were illustrated with the same images used in *Habitat*, Baldi explored the colonial aspect of the SPI's activities and the modern symbolism of the *bandeiras*. But in *Habitat* the photos were reframed through an ethnographic perspective that bracketed out many of the conditions that made it possible for him to be present in Karajá territory and register these scenes. We are offered only glimpses of the context in which the images were taken: "Before they used to live dispersed in many villages. In 1936, I visited twenty-seven of them [...] today, however, all of them, or at least the great majority, live on Bananal Island where they have been concentrated by the SPI."[9]

By the time these photographs were published in *Habitat*, the Karajá territory was undergoing another series of interventions due to colonial policies implemented by the Juscelino Kubitschek administration. Just as Getúlio Vargas had done in the 1940s, Kubitschek utilized the image of the Karajá to portray his presidency as a modern frontier civilizing the Brazilian interior. He went to Bananal Island at different times to meet with Karajá leaders, and on the occasion of the celebration of "The First Mass in Brasília" in May of 1957, a publicity stunt attended by over 15,000 people at the city's construction site, he personally ordered the Brazilian Air Force to bring a delegation of Karajá from Bananal to participate in the ceremony. By staging the presence of Indigenous representatives at the baptism of the site where the new capital would be built, the intention was to evoke the first Christian mass held by the Portuguese in Brazil to demarcate the possession of the new colonial territory when they arrived in 1500. More precisely, the scenario was designed to re-enact a modern version of this colonial event as it was immortalized in Victor Meirelles's painting *The First Mass in Brazil* of 1860, which became the canonical representation of a canonical national theme that was subsequently appropriated by various modern artists.

From the perspective of the Karajá, whose territory is located near the region of Brasília, only about 550 kilometers to the northwest, the colonial dimension of the modernist city was not only symbolic but had very concrete, devastating impacts. By 1959, with the construction of the new capital well advanced, Kubitschek started to promote other ambitious initiatives to push colonization deeper into the interior. This included the construction of new highways from Brasília towards the Amazon basin, and a set of projects designed for the Karajá territory that became known as "Operation Bananal."

Located at center of Brazil's continental landmass, in a "desert area" distant from the coastal cities, it was believed that Brasília had few leisure options apart from its own modern urban amenities like the artificial lake and the city park. Kubitschek thus envisioned that Bananal Island, a site of unique natural beauty and abundant game and fish, could be transformed into the main recreation destination for the political and bureaucratic elites who would come to live and work in the new capital. In late 1959 Kubitschek signed a decree converting Bananal into the Araguaia National Park, thereby legally expropriating the Karajá from their ancestral territory, and commissioned architect Oscar Niemeyer to design a tourist complex on the island. The architectural program included a high-end hotel, a passenger air terminal, and the prototype for a modern housing unit called "Pioneer Ranch," which was conceived to function as a replicable urban-rural module of colonization across the entire island.

In the national press Kubitschek's plans for Bananal were described as "another developmental offensive," "a new penetration city," "an advanced base in the conquest of the West." Following Brasília's lead, the "operation" in the Karajá territory was meant to "push the western frontier further," Kubitschek explained: "It would be necessary to transform the island into a national park. The park is the goal of the march that I initiated in order to establish in the region, deserted up to this point, pioneering farming nuclei for the full development of agricultural activities. Since the island is a paradise for hunting and fishing, I decided to build a tourist hotel at its most favorable point and, taking into account the primitive conditions of life in the region, I also resolved to incorporate the Indians that lived there into Brazilian civilization, creating local assistance services for them."[10]

Hotel Juscelino Kubitschek, or simply Hotel JK, as the tropical resort designed by Oscar Niemeyer was named, was just one of many spatial interventions realized in Karajá territory through Operation Bananal. The project came to be known by the military term "operation" because it involved immense logistical efforts to bring tons of materials and hundreds of workers to Bananal for the construction of several buildings and infrastructures, a daunting task that at that time could only be realized with the support the Brazilian Air Force. The original masterplan included housing for the FBC and military personnel, new SPI outposts, over twenty kilometers of paved roads, a new landing strip, a school, a hospital, and sanitation and electrical infrastructure to supply this entire new urban complex, up until then inexistent in Bananal. It also included the construction of a new village for the Karajá community that lived next to the site where Hotel JK was built: "materializing the aid that was provided to the Karajá Indians by the Foundation throughout Operation Bananal," the FBC reported in 1960, "a totally new village was built with perfect hygienic conditions [...] yet without changing the habitat of the Indian."[11]

Located next to Hawaló/Santa Isabel do Morro, the central and most populous village in the Karajá territory, Niemeyer's project consisted of a single horizontal block suspended over pilotis that elegantly mirrored Bananal's flat landscape. The building provided a panoramic view of the island and the river, translating the articulation between modernism, the primitive, and tropical nature into a lived experience mediated by an architectural panoptic display. At the reception area tourists were welcomed with an exhibition of Karajá ceramic sculptures, which they could presumably acquire as souvenirs of their experience on the Brazilian frontier. From the hotel windows the Karajá could be observed in the same way as their images appeared in the pages of *Habitat*, suspended between a modern and a colonial gaze. Modern design, in its multiple manifestations – architectural, graphic, curatorial, and otherwise – functioned as a tool to frame out the violence implied in that gaze, fabricating a modern experience of primitiveness and wilderness whose foundations were structurally colonial.

Apparently Oscar Niemeyer's modernist project for the colonization of Bananal Island was never featured in the design magazines of the day, including *Habitat*. There is little information available in the public domain about Hotel JK, whose buildings now lay in ruins. Apart from daily newspapers, which frequently reported on the activities of Operation Bananal, the few documents that exist are in the archives of the FBC, which was responsible for executing the project, and in a remarkable set of textual and photographic dossiers collected by the federal government's "divisions of security and information." Such "divisions," often also referred to as "advisory bureaus of security and information," consisted of cells of the national security service installed in virtually every body of the civilian government. They began to be implemented in the mid-1940s and existed until the re-democratization process in the late 1980s after the end of the military regime in Brazil (1964–1984), when they all were disbanded and their archives started to be gradually opened to the public. Through these documents we can trace a social chronicle of the brief history of Hotel JK, from its construction to its ruination.

After Juscelino Kubitschek left the presidency in early 1961, the subsequent governments abandoned the ambitious goals of Operation Bananal. One dossier produced by the Division of Security and Information of the Ministry of Justice shows that as early as 1961, under the presidency of Jânio Quadros, the operation was stalled by an inquiry commission due to suspicions of diversion of public funds. Most of the existing images of Oscar Niemeyer's projects in Bananal were made for this investigation by a delegation that went to document the state of the constructions *in situ*. By that time the school, the hospital, and the hotel were already completed, but only one module of the "Pioneer Ranch" had been built, and other structures such as the market, the church, the park, and other planned urban facilities and infrastructures that were not part of the hotel complex would never be executed.

Over time the building of "Pioneer Ranch" was converted into the FBC's main base of operations on the island, while Hotel JK continued to function as a tourist complex until the 1970s. Because of the quality of the pasture that grows naturally over the flatlands of Bananal, the region became a coveted site for the cattle breeders that penetrated the valleys of the Araguaia River. The SPI stimulated these incursions by leasing Indigenous lands for herds in exchange for fees calculated according to the numbers of livestock and meters of fencing. With the implementation of the Araguaia National Park in 1959 and the subsequent construction of Hotel JK, Bananal Island also became a tourist hotspot in central Brazil, attracting various private initiatives that began exploiting the incipient industry in the region. Over the years, the social and ecological impacts of these processes combined generated all sorts of conflicts with Karajá communities, which then came to be seen no longer as a "tourist attraction," but as a problem for the everyday operations of Hotel JK.

In a confidential report collected in the archives of the Advisory Bureau of Security and Information of the National Indian Foundation (FUNAI), the agency created by the military regime in 1968 to replace the SPI, the head of Araguaia National Park reported on the tense atmosphere that prevailed in the island for years. This included for instance the demand that, given the explosive nature of the conflict, "either the hotels or the Indians can stay." Written in 1977 under the oversight of the dictatorship's security and information apparatus, the report described how the affluent lifestyle of Hotel JK conflicted with the impoverished living conditions of the Karajá, who then started approaching the guests with requests for goods and aid in support of their communities. "The Indians began no longer asking for, but rather demanding, evidently supported by unscrupulous elements and agitators [...] These demands disturbed the authorities who arrived here in their leisure time, forming a very tense environment between the Indians and the civilized."[12]

The idea that the Karajá's actions were "supported by unscrupulous elements and agitators" was part of a common perception in the military security apparatus that viewed this region as a potential seedbed for a rural insurgency. In the early 1970s, led by priest and human rights activist Pedro Casaldáliga, a strong popular movement associated with the progressive Catholic Church emerged in the city of São Felix do Araguaia, which sits on the other side of the river across from Hawaló/Santa Isabel do Morro. These mobilizations began to publicly denounce land invasions, expropriations, and the displacement of peasants and Indigenous communities, making the region a primary target of state security agencies, which constantly monitored the activities of human rights advocates and land rights activists in the area.

The report explains that the first attempted solution intending to manage the conflict with the Karajá was "to move the headquarters of the Araguaia National Park inside the Indigenous area," thus "preventing the Indians from entering the site of Hotel JK and its surroundings." This did not improve the situation, so the report concludes by recommending that a great wall surround the tourist complex, "instituting a single entrance, with adequate security services," and thereby "insulating the area of Hotel JK [...] blocking Indigenous elements from penetrating the site and thus avoiding serious, often unsolvable, problems between authorities and the Indians."[13]

The same report also describes how the Karajá communities were living under violent threats of displacement by powerful and racist landowners and politicians. "There is no way to deny that there are great interests in eliminating these Indians from this village, but I believe that will be impossible, unless the species is extinguished, which I do not believe to be so."[14]

An anthropologist who visited the area several times in the 1960s testified to the appalling conditions in which the Karajá lived at that time, even denied access to the island's natural resources, and thus increasingly dependent on commercial products. After Bananal turned into a national park, the use and management of its natural resources were regulated according to environmental codes that prohibited the Karajá from traditional subsistence activities, though hunting and fishing were allowed for tourists who came to enjoy the facilities at Hotel JK. Vast tracts of the island were occupied by so many cattle farms that the Karajá villages were now literally enclosed by barbed wire fences. "There are never funds to fence the pasture. The only cheap solution is to fence the village, giving it the air of an internment camp designed to keep the Karajá in rather than the cattle out. The fence also serves as a visible barrier between the Indians and the local Brazilians, and symbolizes the SPI tendency to treat Indians as exotic growths."[15]

The images of the arts and crafts of the Karajá people published in *Habitat* are representative of a paradoxical, typically modern, preservationist impulse to collect and archive the "heritage" of Indigenous populations at a moment when their lands were being rapidly encroached upon and their modes of life increasingly threatened by the forces of modernization. In 1957, one year after the publication of Mario Baldi's photo essays in *Habitat*, anthropologist Darcy Ribeiro published a grim report demonstrating that most of the Indigenous nations known in Brazil in the early 1900s were on the verge of total disintegration due to the violence from colonial contact. In less than sixty years Brazil's native population had fallen by over 80 percent, and many groups who had survived were living in wretched conditions. The Karajá were among the most affected. In 1948 their population was estimated at over 4,000 people, substantially lower than the estimate prior to colonial contact. By the late 1950s they had been reduced to about 1,000, a dramatic drop of around 75 percent in just under a decade.

By observing the images of *Habitat* carefully, but also carefully looking to what they do not show, we realize they are close-ups of one of the most dramatic periods in the history of the people they portray, taken at a time when the Karajá population had reached a demographic historic low, and their cultural and ecological support-networks were on the verge of collapsing. They say nothing about "the primitive" and their art, but reveal much of the colonial violence inherent in the moderns. Outside the frame, we see episodes of dis-possession, des-territorialization, des-habitat.

Like the Karajá communities, *Habitat* and other progressive publications of the day were also victims of the repressive regime that took power in Brazil through the U.S.-backed military coup in March of 1964. In early 1965 the editorial offices of the magazine *Módulo* were raided and its editor-in-chief, architect Oscar Niemeyer, like many intellectuals and artists committed to the social ideals of modernism, had to seek political asylum outside of Brazil. *Habitat* published its last issue in July of that year. Lina Bo Bardi was also persecuted by the military government on several occasions. In 1970 a warrant was issued for her arrest on suspicion of subversive activities, forcing her into exile for one year until the order was revoked.

With the publication of the Final Report of the Brazilian National Truth Commission in 2014, we learned that, along with union leaders, students, intellectuals, artists, and activists associated with the left, Indigenous peoples were one of the groups most affected, if not *the* most affected, by state repression during Brazil's twenty-year long dictatorship. Under the command of the military government, the project to "occupy, integrate, and colonize" the western frontier was expanded through large-scale projects that were implanted across the entire Amazon basin, unleashing one of the most socially violent and ecologically destructive processes of territorial modernization witnessed in the late twentieth century. This had dire consequences for Indigenous populations that lived in those areas. More conservative estimates state that over 8,000 Indigenous persons were murdered or disappeared as a direct consequence of what the Truth Commission defines as a politics of erasure: "In order to liberate land for colonization and the construction of infrastructure projects," state policies and laws "led not only to formal attempts to deny the existence of certain Indigenous peoples in certain regions," the report concludes, "but also to the means to make this erasure a reality."[16]

And yet, against all odds, the Karajá people's courageous, long-lasting resistance succeeded. By the late 1970s they had recuperated a large portion of their ancestral territory from Araguaia National Park, and Hotel JK was no longer in operation. The hotel's modern furniture and utensils were pillaged and taken to their villages, while the buildings were abandoned and began to fall apart. When the Brazilian Air Force and tourism companies attempted to reactivate the architectural complex in the early 1980s, Karajá leaders, with the support of human rights activists and social movements, engaged in a series of public actions to block these projects and demand that their land rights be fully recognized and protected. Some of the advocacy publications they produced at that time were collected by FUNAI's Advisory Bureau of Security and Information, which monitored the conflict closely. They demanded that "persons and groups that exert economic activities in the area leave," criticizing what they referred to as "disaggregating tourism," and claiming that "Bananal Island should be a continuous and free land as our immemorial habitat."[17]

In 1988, after the "slow, gradual, and secure" transition to civilian rule commanded by the late military government, Brazil adopted a new democratic constitution that established Indigenous territorial and cultural rights as national law. Shortly after, Hotel JK was nearly completely destroyed by massive fire, leaving behind a landscape of ruins that was quickly overrun by grass, bushes, palms, and trees. The Karajá communities gradually returned to the area, appropriating the architectural foundations and remaining walls of the modernist concrete structures to build their traditional houses. Even with the severe difficulties faced by the Karajá nowadays due to the deadly impacts of centuries violence, it is impossible not to see Bananal Island as a "de-colonial landscape," a space of symbolic and everyday life resistance where the spatial structures of power and subjugation have been re-taken, re-purposed, and re-signified to forge new means of *habitat*.

1. Habitat n.7, p. 61.

2. Habitat n.1, p. 66-67; Habitat n.7, p. 65.

3. Habitat n.7, n.21 and n.48.

4. Revista Oeste, ano II, No 11, 1943, p. 434-435.

5. Legal decree No 5878, which institutes de Central Brazil Foundation, Article 01, 04 October 1943.

6. Memória Descritiva do Plano Piloto, 1957.

7. Habitat n.7, p. 62.

8. MASP press release "Exhibition on Indigenous Art", 1949. MASP Archive.

9. Habitat n.34, 1956, p. 24

10. Juscelino Kubitschek, *Porque construí Brasília*, Senado Federal: Conselho Editorial, 2000.

11. Divisão de Segurança e Informações do Ministério da Justiça (DSI/MJ). Comissão de Sindicância da Superintendência do Plano de Valorização Econômica da Amazônia (SPVEA), Fundação Brasil Central – Dossiêr Operação Bananal, 1961, p. 64. (Acervo do Arquivo Nacional, Rio de Janeiro.)

12. Assessoria de Segurança e Informação da Fundação Nacional do Índio (ASI/FUNAI), "Dossiê referente à administração do parque indígena do araguaia na Ilha do Bananal e as questões sobre a demarcação da área indígena dos tapirapé, infrações, situação de dependência alcoólica dos índios", Ministério do Interior, Fundação Nacional do Índio - FUNAI, Memo No. (sem identificação), Confidencial, Brasília, 20 de Dezembro de 1977.

13. ibidem

14. ibidem

15. Christopher J. Tavener, *Introduction to the Karajá and the Brazilian Frontier*, in: Daniel R. Gross (ed), "Peoples and Cultures of Native South America", The American Museum of Natural History, 1973.

16. Comissão Nacional da Verdade, *Relatório Final*, 2014, pg 223.

17. Divisão de Segurança e Informações, Ministério do Interior (DSI/MINTER), informe sobre "Debate com Dom Pedro Casaldáliga, Comissão Pró-Ilha do Bananal em Brasília - DF", Confidencial, 20 de Julho de 1980.